89개의 말 · 프라하, 사라져 가는 시

QUATRE-VINGT-NEUF MOTS
by Milan Kundera
Copyright © Milan Kundera 1985

Extraits de « Soixante-neuf mots », L'Art du roman
Copyright © Milan Kundera 1986

Prague, poème qui disparaît
Copyright © Milan Kundera 1980

Foreword by Pierre NORA
Copyright © Éditions Gallimard, Paris, 2023
All rights reserved.

Korean translation edition is published by arrangement with
The Wylie Agency (UK) Ltd.

Korean Translation Copyright © Minumsa 2025

이 책의 한국어 판 저작권은
The Wylie Agency (UK) Ltd.와 독점 계약한 **(주)민음사**에 있습니다.

저작권법에 의해 한국 내에서 보호를 받는 저작물이므로
무단 전재와 무단 복제를 금합니다.

89 mots
suivi de Prague, poème qui disparaît

Milan Kundera

89개의 말 · 프라하, 사라져 가는 시

밀란 쿤데라 김병욱 옮김 민음사

일러두기

본문의 각주는 모두 옮긴이 주이다.
원문에서 이탤릭체 등으로 강조한 부분은 고딕체로 구분했다.

차례

소개의 말_피에르 노라

7

89개의 말

11

프라하, 사라져 가는 시

95

소개의 말

이 두 텍스트는 원래 《데바Le Débat》지에 실렸던 글들이다.

「89개의 말」은 1985년 11월(37호)에, 미셸 투르니에의 「말들 아래의 말들」로 시작되어 J. M. G. 르 클레지오의 「크리올어 소사전」으로 이어진 연속 기획물의 하나로 실렸다. 「프라하, 사라져 가는 시(詩)」는 1980년 6월, 이 잡지 2호에 발표되었다.

두 텍스트는 매우 개인적인 글이다. 어떤 사람의 개인 사전은 언제나 그 사람의 정수를 나타낸다. 밀란 쿤데라의 경우는 특히 더 그렇다. 이 체코 작가는 자신의 책들이 원래 쓰인 언어와는 다른 언어로 출간되는 것만 보았고, 그래서 늘 모든 말을 주의 깊게 살펴보아야만 했기 때문이다. 그는 이 개인 사전의 3분의 1 가까이 되는 내용을 덜어내고 일부 어휘는 설명을 수정하여 『소설의 기술』에 한 부部로 넣었는데, 이는 그가 이 소사전을 몹시

중시했다는 증거다. 두 판본의 비교는 흥미로운 연구 주제가 될 수 있을 것이다. 당시 그는 거기에 12개의 말을 덧붙여 실었는데, 우리는 그 말들을 이 원래 판본에 통합하여 별표로 표시했다.

그리고 「프라하, 사라져 가는 시」, 이 멋지고 감동적인 글은 그저 읽어 보기만 해도 이 글이 그에게 어떤 의미를 지녔었는지 알 수 있다. 그를 낳고 그의 작품의 특수성을 길러준 문화의 폭발에 관한 이야기, '작은 나라'에서 탄생했으되 전 세계에 영향력을 발휘한 한 문화의 풍요로움에 관한 이야기다. 이 글에서 우리는, 『납치된 서유럽』에서와 같은 고뇌 어린 향수와 더불어, 그 문화를 질식시키고 박해한 '소련 문화'에 대한 비난은 물론, 그 문화를 인정할 줄 모르고 알아보지조차 못하는 서유럽에 대한 비난도 함께 읽게 된다.

밀란 쿤데라가 우리 곁을 떠난 지금, 다시 가져와 한데 묶은 이 두 텍스트는 그의 존재를 다른 어떤 책보다도 더 생생하게 느끼게 해 준다. 이 책은 어떤 이들에게는 밀란 쿤데라의 소설 세계에 대한 최고의 입문서가 될 수 있을 것이요, 또 어떤 이들에게는 그의 매력적인 아이러니와 판단의 섬세함을 재발견하는 계기가 될 수 있을 것이다. 그것이 우리의 의도이자 무엇보다 소중한 바람이다.

피에르 노라*

---

* Pierre Nora(1931~2025). 프랑스의 역사학자. 프랑스 고등사회과학원(EHESS) 교수로 연구 및 강의를 했으며, 2001년 아카데미 프랑세즈 회원으로 선임되었다. 1970년대부터 '새로운 역사학'의 기치 아래 프랑스 역사학의 방법론을 쇄신했다. 1980년 철학자인 마르셀 고셰와 함께 갈리마르 출판사에서 지식층을 상대로 한 격월간지 《데바》를 창간했다.

89개의 말

89개의 말

피에르에게

『농담』은 1968년과 1969년에 서구의 모든 언어로 번역되었다. 하지만 이렇게 슬플 수가. 프랑스에서는 번역가가 나의 문체를 완전히 바꿔 소설을 거의 다시 쓰다시피 했다. 영국에서는 편집자가 내적 성찰이 이어지는 모든 단락을 짧게 자르고, 음악학적인 장들을 없애 버리고, 부部들의 순서를 바꾸어 소설을 재구성했다. 또 다른 어느 나라. 번역자를 만나 보니, 그는 체코어를 단 한 마디도 모른다. "번역을 어떻게 하셨나요?" 나의 물음에 그가 "마음으로요."라고 대답하며, 지갑에서 내 사진을 꺼내 보여 준다. 그의 태도가 너무도 호의적이어서 나는 마음의 텔레파시로 번역하는 게 진짜 가능한 줄로 믿을 뻔했다. 하지만, 사실은 아주 단순했다. 아르헨티나 번역자가 그랬듯이, 그도 프랑스어판 '다시 쓰기' 판본을 번역한 것이었다. 스페인에서는 역자가 체코어를 직접 번역했다. 그 책을 펼치니, 우연히 헬레나의 독백이 눈에 들어온다. 원문에서 한 단락 전체를 차지하는 긴 문장이 무수한 짧은 단문들로 나뉘어 있다. 나는 얼른 책을 덮는다. 번역 문제로 인한 괴로움이 『농담』으로 끝이 났을까? 프랑스에서는 그렇다 — 프랑수아 케렐François Kérel이라는 충실하고 훌륭한 번역자 친구를 만났기 때문이다. 하지만 이후에 나온 소설들의 영어, 독일어, 이탈리아어 번역본을 수정하느라 나는 엄청난 시간을 소모해야 했다. 게다가 수정 작업이 너무 늦게 끝나 피해 복구가 불가능한 경우도 많았다.

사람들은 말한다. 번역은 여자와 같다고. 아름답거나 충실하거나 둘 중 하나라고. 천만의 말씀이다! 미국인 번역자가 (내가 직접 번역한 프랑스어 판본을 바탕으로) 『자크와 그의 주인』을 번역했다. 그 원고를 읽어 본다. 왜 아직도 이렇게 오류가 많은 걸까? 그러다 나는 마침내 깨닫는다. 오류가 아니다. 원문에 대한 불충실이 **체계적**이다. 그는 좋은 영어 텍스트를 만들고자 하며, 그래서 그 텍스트가 자기 텍스트가 아니라는 사실을 잊으려 하고, 나 대신 생각하고, 느끼고, 상상하려고 하는 것이다! 자기 편의를 위해서, 그는 곳곳에 적어도 자신이 만든 단어 하나 정도는 덧붙이고, 내가 짠 구문을 체계적으로 뒤엎는다. 내가 고칠 수 있는 건 의미론적 왜곡들뿐이다. 그렇지 않으면 전체를 다시 써야 할 것이다……. 그 일 년 뒤, 영국의 명배우 사이먼 캘로가 자크 역을 연기하고 싶어서, 자신이 직접 이 작품을 번역한다. 그의 번역이 이전 번역보다 백 배는 더 낫다는 데 모두가 동의한다. 그리고 다들 이렇게 생각한다. "이 유명 배우는 원작을 아주 자유롭게 해석한 게 분명해. 그래서 대화가 이렇게 풍부하고 자연스러운 거야!" 틀렸다! 그 번역은 지금까지 이루어진 나의 텍스트 번역 중에서 원문에 가장 충실한 번역 가운데 하나다.

번역은 충실할 때만이 아름답기 때문이다. 참된 번역가를 만드는 건 충실성에 대한 열정이다! 이를 깨닫고서, 수년 전에 나는 내 책의 외국어 판본들을 바로잡아야겠다고 결심했다. 그것은 쉬운 일이 아니었다. 많은 출판사와 관계를 끊어야만 했는데, 하지만 문학을 여전히 진지하게 여기는 몇몇 편집자들과는 그만큼 더 돈독한 관계를 맺었다. 클로드 갈리마르, 에런 애셔, 캐스린 코트, 로베르토 칼라소, 크리스토프 슐로터러, 로버트 맥크럼, 이포 하이, 베아트리스 드 모라 같은 이들이 그들이다. 그들은 나를 도왔고, 나는 그들에게 감사하고 있다. 그리하여 1980년에, 나는 (클로드 쿠르토와 함께) 『농담』의 옛 프랑스어 번역본을 직접 수정할 수 있었고, 이 소설의 새로운 번역본이 미국, 영국 및 스페인에서 속속 출간되었고, 머지않아 이탈리아와 독일에서도 출간될 예정이다. 올가을에는 『삶은 다른 곳에』의 수정 번역본이 미국에서 출간될 것이다. 한저 출판사는 내 모든 소설의 개정판을 준비하고 있다. 아델피 출판사도 그렇게 할 수 있기를 바란다.

물론 나만큼 번역 문제로 몸살을 앓는 작가도 없다. 다른 작가들은 번역이 더 잘 되어서가 아니라, 번역본에 나만큼 영향을 많이 받을 이유가 없기 때문이다. 1968년의 러시아 침공이 있기 전만 해도, 『농담』과 『우스운 사랑들』은 프라하에서 출판될 수 있었다. 체코 독자들이 있었기에, 외국 독자들에게 읽히는 문제에 대해서는 별로 개의치 않았다. 하지만 1968년 이후, 나의 다른 소설들은 더 이상 체코슬로바키아에서 출간될 수 없었고, 캐나다의 한 작은 출판사에서만 체코어 원본으로 소량 출간되었다. 당시 나는 적어도 몇 부 정도는 고국에 들어갈 수 있을 것으로 생각했다. 하지만 국경은 그리 쉽게 뚫리지 않았다. 나와 가장 친한 프라하 친구들조차도 내 책의 체코어판은 구경조차 하지 못했다.

    그렇다면 나의 그 원본 소설들은 누구에게 간 걸까? 내 세대의 몇몇 이주민들에게, 일부 대학 도서관에, 그리고 번역자들에게 갔다. 그렇다. 하지만 체코가 점점 더 러시아 지배권역의 변방으로 전락함에 따라, 체코어에 관한 관심이 곳곳에서 줄어들고 있다. 번역자들은 대개 슬라브계 사람들로, 그들에게 체코어는 제3, 제4외국어일 뿐이다. 사실 외국의 많은 출판사가 프랑스어 번역본을 바탕으로 번역하게 해 달라고 요청한다. 원칙적으로는 거절한다. 하지만 그들 나라에 체코어 번역자가 없으면 어떻게 해야 할까?

    『참을 수 없는 존재의 가벼움』을 쓸 때, 나는 프라하 생각을 많이 했지만, 과연 체코 독자들 생각도 많이 했을까? 내가 구체적으로 늘 생각했던 유일한 사람은 내 원고를 번역해 줄 프랑수아 케렐뿐이었다. 나는 문장을 구성할 때 이미 미래의 프랑스어 판본을 메아리처럼 들으며 글을 썼다. 게다가 그 번역 과정을 아주 가까이에서 지켜보았고, 더는 원본과의 차이를 보지 못했기에, 그래서 나는 (포르투갈, 브라질, 그리스, 스웨덴, 아이슬란드, 노르웨이에서) 내가 쓴 것이나 다름없는 프랑스어 판본을 바탕으로 번역하게 할 수 있었다.

수년 전부터는 잡지에 발표하는 글과 평론을 프랑스어로 직접 써 보고 있다. 하지만 사유를 하는 것과 이야기를 하는 것은 서로 다른 두 가지 일이다. 아무래도 나는 소설을 프랑스어로 쓰지는 못할 것 같다. 하지만 그렇다고 해서 내가 내 책들의 프랑스어 판본을 온전히 나의 텍스트인 양 여기지 못할 건 아니다. 그래서 나는, 1980년에 내가 했던 『농담』 수정 작업이 불충분하다고 생각되어 전체적으로 다시 한번 번역했고, 내 책의 모든 프랑스어 텍스트를 새 판본에서 다시 수정했으며, 이제 그 텍스트들이 체코어 원본과 같은 진본眞本으로서의 가치를 갖는다고 말할 수 있다.

어느 날, 피에르 노라가 내게 이렇게 말했다. "그 모든 번역본을 검토할 때, 단어 하나하나에 대해 깊이 숙고할 수밖에 없었을 거야. 그렇다면 자네의 개인 사전을 써 보면 어떻겠나? 자네가 중요시하는 말들, 자네를 골치 아프게 하는 말들, 자네가 애착하는 말들을 모은……?" 나는 그의 이 생각에 매료되었다. 그렇게 해서 이 사전이 만들어졌다.

Absolu_____절대

소설은 본질적으로 형이상학에 손을 대는 것인 만큼, 형이상학적인 말들(절대, 본질, 존재 등)은 소설에 인용될 권리가 있다. 하지만 그럴 때는 그런 말들을 구어로 통속화해서 쓰지 않아야 한다. '절대적으로'라고 해야 할 것을 '완전히'라고 하거나, '본질적인'을 '중요한'이라고 하거나, '부조리한'을 '어리석은'이라고 해서는 안 된다.

Amusant_____재미

재미가 있는 건 좋지만, 재미있게 하는 건 그리 좋지 않다. 『농담』의 프랑스어 번역자가 하는 말을 들어 보자. "그녀는 열아홉 번의 봄을 맞이했다."(열아홉 살 대신), "그녀들은 이브의 옷을 입고 있었다."("알몸이었다." 대신), "풍금이 꾸르륵 소리를 낸다."(그냥 소리 대신) 미국인 번역자도 재미있게 하려는 같은 의지를 보인다. 나의 편집자이자 절친인 에런 애셔, 말 하나하나에 신경을 쓰는 그가 교정쇄를 읽어 보고서 내게 전화를 건다. "재미있게 하는 말들amusing words은 모조리 빼

버릴 거요!"

Aphorisme_____아포리즘

이 말은 '정의定義'를 뜻하는 그리스어 아포리스모스aphorismos에서 유래한다. 아포리즘이란, 정의의 시적詩的 형태다.

Bander_____꼴리다

"그녀의 몸은 소극적인 저항을 멈췄다. 에드바르트는 감동했다!"(『우스운 사랑들』) 나는 이 '감동했다ému'라는 말이 마땅찮아 수도 없이 이 말에서 멈추어 섰다. 체코어로는, 에드바르트는 '흥분했다excité'이다. 하지만 '감동했다'도 '흥분했다'도 나를 만족시키지 못했다. 그러다 갑자기, 적절한 말을 찾아냈다. "에드바르트는 꼴렸다!"라고 해야 했다. 왜 이렇게 간단한 생각이 좀 더 일찍 떠오르지 않았을까? 왜냐하면 이 말이 체코어에 없기 때문이다. 아, 참 부끄러운 일 아닌가. 내 모국어가 꼴릴 줄도 모르다니! 체코 사람들은 '꼴리다'라는 말 대신에 "그의 자지가 섰다."라고 말할 수밖에 없다. 매력적인 이미지이지만, 조금은 유치하다. 하지만 이 이미지는 멋진 대중적 표현을 탄생시키기도 했다. "그들은 거기에서, 자지들처럼 서 있었다."

* Beauté(et connaissance)_____아름다움(과 인식)
브로흐처럼 인식이 소설의 유일한 도덕이라고 말하는 이들은 과학과의 연관성 때문에 너무 오염된 이 '인식'이라는 말의 금속성 아우라에 배신당한다. 그래서 이렇게 덧붙여야 한다. 소설이 발견하는 실존의 모든 측면, 소설은 그것들을 아름다움으로 발견한다고. 최초의 소설가들은 모험을 발견했다. 모험이 그 자체로 우리에게 아름다워 보이고 우리가 모험을 갈망하는 건 그들 덕분이다. 카프카는 비참하게 덫에 걸린 인간의 상황을 그렸다. 지난날, 카프카 전문가들은 카프카가 우리에게 희망을 주었는지 아닌지를 놓고 많은 논쟁을 벌였다. 아니, 희망은 없다. 다른 게 있다. 카프카는 삶이 불가능한 그런 상황조차도, 기이한, 검은 아름다움으로 발견한다. 아름다움,

그것은 더는 희망이 없는 인간이 가질 수 있는 최후의 승리다. 예술에서의 아름다움이란, 한 번도 들어 본 적 없는 것이 발하는 돌연한 빛이다. 위대한 소설들이 발하는 그 빛은 세월이 흘러도 어두워지지 않는다. 인간은 늘 인간의 실존을 망각하기에, 소설가들이 이룬 그 발견들은 아무리 오래되어도 부단히 우리에게 놀라움을 안겨 주기 때문이다.

Bêtise_____어리석음
"아버지가 돌아가시기 일 년 전쯤, 나는 늘 아버지와 함께 산책하곤 했다. […] 사람들이 슬픔에 잠길수록, 확성기들은 그들을 위해 더욱더 요란하게 울렸다 […] 아버지는 발걸음을 멈추고서, 눈을 들어 소음을 내는 확성기 쪽을 쳐다보았는데 나는 그가 뭔가 아주 중요한 얘기를 들려주려 한다고 느꼈다. 아버지는 천천히 아주 힘들게, '음악의 어리석음'이라고 말씀하셨다." (**『웃음과 망각의 책』**)
이 책 초판에서, 케렐과 나는 '음악의 멍청함

idiotie!'이라는 표현을 택했다. 하지만 멍청함은 공격적이고, 감정적이며, 모욕적인 말이다. 어리석음bêtise이라고 해야 한다. 그것은 사실을 정확하게 확인해 주는 말로서, 아버지의 이 탄식을 뒤잇는 문장들이 이를 설명하고 있다. "내 생각에 아버지는 내게, 음악에는 그 역사에 선행하는 어떤 상태, 즉 최초의 질문, 최초의 성찰, 하나의 모티프와 테마로 최초의 유희를 시작하기 전의 어떤 원초적 상태가 존재함을 말씀해 주시려고 했던 것 같다. 음악의 그 최초 상태(사유 없는 음악)에는 인간 존재 자체에 내재하는 어리석음이 반영된다."

이 '어리석음'이라는 말이 바보짓, 멍청함, 저능과 같은 '공격적인' 말로만 번역이 가능한 언어들이 있다. 마치 어리석음이 '인간 존재 자체에 내재하는 상태'가 아니라, 뭔가 이례적인 것, 어떤 결함, 어떤 비정상성이기라도 한 듯이 말이다.

Bleuté_____푸르스름한

다른 어떤 색깔도 이렇듯 보드라운 언어적 형태

를 지니지 못한다. 노발리스적인 말이다. "비非존재처럼 보드랍도록 푸르스름한 죽음." (『웃음과 망각의 책』)

Caractères_____글자

책이 점점 더 작은 글자체로 출판되고 있다. 나는 티보르 데리의 책 『미완성 문장』을 쓰레기통에 던져 버렸다. 읽을 수가 없어서다. 요제프 로트의 문고판 『라데츠키 행진곡』도 읽을 수가 없다. 나는 문학의 종말을 상상해 본다. 글자들이 조금씩, 아무도 알아채지 못하게, 점점 더 작아지다가 완전히 보이지 않게 되어 버리는 날 말이다.

Celer_____감추다

내가 이 동사에 매력을 느끼는 이유는 아마도 함께 공명하는 말 봉인封印하다sceller 때문인 것 같다. 감추다=인장 없이 봉하다. 봉해서 감추다, 감추기 위해 봉하다.

Chapeau_____모자

모든 소설가에게는 늘 따라다니는 '마법의 오브제들'이 있다. 『웃음과 망각의 책』에서는 모자 하나가 무덤구덩이 속으로 떨어져 관 위에 놓인다. "마치 죽은 사람이, 존엄에 대한 부질없는 욕망으로, 엄숙한 순간에 맨머리로 있고 싶지 않았던 듯이" 말이다. 중절모는 『참을 수 없는 존재의 가벼움』 전체를 관통한다. 꿈 하나가 생각난다. 열 살 난 소년이 머리에 커다란 검은 모자를 쓴 채, 연못가에 있다. 그가 물에 뛰어든다. 물에 빠져 죽은 그를 사람들이 꺼낸다. 그는 여전히 그 검은 모자를 머리에 쓰고 있는데, 꿈속에서 내 귀에, 고무로 만들어진 검은 모자라는 말이 들린다.

Chez-soi_____내 집

더 홈the home(영어), 다스 하임das Heim(독일어), 도모프domov(체코어)는 내 뿌리가 있는 곳, 내가 속한 곳이라는 뜻이다. 그 지형학적 경계는 오직 마음의 명령에 의해서만 결정된다. 방 하나일 수도 있고, 어떤 풍경, 어떤 나라, 우주가 될 수도 있다. 고전 독일 철학의 **다스 하임**은 곧 고대 그리스 세계를 가리킨다. 체코 국가國歌는 "나의 **도모프**는 어디에 있는가?"라는 시구로 시작된다. 사람들은 이를 프랑스어로 이렇게 옮긴다. "나의 조국은 어디에 있는가?" 하지만 조국은 다른 무엇이다. **도모프**의 정치적, 국가적 버전이다. 조국은 자부심 어린 말이다. **다스 하임**은 감상적인 말이다. 프랑스어(프랑스적인 감성)의 조국patrie과 집foyer(내게 속하는 구체적인 내 집) 사이에는 틈이 있다. **내 집**chez-soi이라는 말에 위대한 말의 무게를 부여할 때만이 그 틈은 메워질 수 있다. (Litanie 항목을 참조할 것.)

Collabo_____협력자

늘 새롭게 변하는 역사적 상황들은 인간의 무궁한 가능성을 드러내 보여 주며 그것들에 이름을 붙일 수 있게 해 준다. 예컨대 협력이라는 말은 나치즘과의 전쟁 동안, 추악한 권력에 자발적으로 봉사한다는 새로운 의미를 갖게 되었다. 근본적 중요성을 지닌 개념이다! 이 말이 없었다면 어떻게 인류가 1944년까지 무사히 지낼 수 있었겠는가? 이 말을 발견하고 나자, 사람들은 인간의 활동이 본래 협력의 성격을 지니고 있음을 점점 더 깨닫게 되었다. 대중 매체의 소음, 광고의 멍청한 미소, 자연의 망각, 미덕으로까지 격상된 무분별한 행위 등을 예찬하는 모든 이들, 그들을 **현대성의 협력자들**이라고 불러야 할 것이다.

Comique_____희극

비극은 인간의 위대함에 대한 아름다운 환상을 줌으로써 우리에게 위로를 안겨 준다. 희극은 잔인하다. 희극은 우리에게 모든 일의 무의미를 난폭하게 드러내 보인다. 나는 무엇이든 사람의 일에는 희극적인 측면이 있으며, 그것이 널리 알려지고 받아들여지고 이용되는 경우들도 있지만, 베일에 가려져 있는 경우들도 있다고 생각한다. 희극의 진짜 천재들은 우리를 가장 많이 웃기는 사람들이 아니라, 그 **미지의 희극성**을 드러내 보여주는 사람이다. 역사는 늘 그저 진지하기만 한 영역으로 여겨져 왔다. 하지만 역사에도 미지의 희극성이 있다. 성애에도 (받아들이기 힘든) 희극성이 있듯이 말이다. (이 기회에 두 친구, 필립 로스와 밀로시 포르만에게 경의를 표하고 싶다. 특히 포르만의 「소방수의 무도회 Au feu, les pompiers!」에.)

Couler_____흐르다

한 편지에서 쇼팽이 영국에서 살 때의 일을 이야기한다. 그가 살롱에서 연주하면, 부인들은 늘 같은 문구로 경탄을 표한다. "오, 정말 아름다워요, 물 흐르는 듯한 연주였어요!" 쇼팽은 그런 찬사에 짜증을 내곤 했다. 나도 어떤 번역을 두고 "물 흐르는 듯하다." 같은 문구로 호평하는 소리를 들으면 짜증이 난다. "마치 프랑스 작가가 쓴 것 같아요."라는 말도 마찬가지다. 헤밍웨이를 프랑스 작가처럼 읽는다는 건 얼마나 나쁜 일인가! 그의 문체는 프랑스 작가에게서는 상상조차 할 수 없다! "좋은 번역이라면, 그게 번역임을 알 수 있어야 한다!"라고 말하는 프랑수아 케렐, 그의 말은 모든 선입견을 깨 버린다.

Crépuscule(et vélocipédiste)_____황혼(과 자전거 타는 사람)

"······자전거 타는 사람이라는 단어는 그에게 황혼처럼 아름답게 들렸다······." (『삶은 다른 곳에』) 이 두 명사는 내겐 마치 마법의 말들 같다. 너무도 먼 데서 오는 말들이기 때문이다. **크레푸스쿨룸**Crepusculum은 오비디우스가 몹시도 애착했던 말이다. 자전거의 전신인 벨로시페드vélocipède는 아득히 먼 옛날 그 천진한 기술 시대 초창기에 우리에게 온 말이다.

Définition_____정의

소설의 명상적 줄거리를 떠받치는 건 추상적인 몇몇 말들의 뼈대다. 사람들이 모두 아무것도 이해하지 못한 채 전부 이해했다고 착각하는 그런 모호성 속으로 빠져들고 싶지 않다면, 내가 그 말들을 극도로 정확하게 선택해야 함은 물론 그것들을 정의하고 또 정의해야만 한다. (Bêtise, Destin, Frontière, Légèreté, Lyrisme, Paradis, Trahir 항목을 참조할 것.) 내가 보기에 소설은 종종, 달아나는 몇몇 정의를 오랫동안 추적하는 일과 다르지 않은 것 같다.

Destin_____운명

우리 삶의 이미지가 삶 자체에서 분리되고 독자적 존재가 되어, 조금씩 우리를 지배하기 시작하는 때가 찾아온다. 이는 이미 『농담』에 나오는 얘기다. "······인간의 운명을 심판하는 최고 법원에 비치된 나라는 사람의 이미지를 바로잡을 어떤 방법도 존재하지 않았다. 나는 그 이미지(아무리 나와 닮은 데가 없을지라도)가 나 자신보다 무한히 더 실제적이요, 결코 그것이 내 그림자가 아니라 바로 내가 내 이미지의 그림자이며, 그것이 나와 닮지 않았다고 비난한다는 건 있을 수 없는 일이요, 닮지 않은 죄의 책임은 나에게 있음을 깨달았다······."

그리고 『웃음과 망각의 책』에도 나온다. "내 생각에는 이런 식으로 삶이 운명으로 변하는 것 같다. 운명은 미레크를 위해(그의 행복과 안전과 유쾌한 기분과 건강을 위해) 손가락 하나 들어 올릴 의향도 없지만, 미레크는 자신의 운명을 위해 (운명의 위대함과 명료함, 그 아름다움과 스타일, 이해하기 쉬운 그 의미를 위해) 무엇이건 할 각오였다. 그는 자기 운명에 책임을 느꼈지만, 그의 운명은 그에 대해 책임을 느끼지 않았다."

미레크와는 달리, '40대'로 불리는 쾌락주의자 등장인물(『삶은 다른 곳에』)은 '비非운명non-destin의 목가'에 매달린다. 이 쾌락주의자는 자기 삶이 운명으로 변하지 않게 하려고 자신을 지킨다. 운명은 우리의 피를 빨고, 우리를 짓누른다. 마치 우리 발목에 묶인 쇠공 같다. (참고로, 이 '40대'는 나의 모든 등장인물 중에서 나와 가장 가까운 인물이다.)

Élitisme_____엘리트주의

엘리트주의라는 말은 1967년에, 그리고 엘리트주의자라는 말은 1968년에 이르러서야 프랑스에 등장한다. 사상 처음으로, 언어 자체가 엘리트라는 개념에 부정적 성격 혹은 경멸의 빛을 비춘다.

공산주의 국가들의 공식 프로파간다가 엘리트주의와 엘리트주의자들에게 비난을 가하기 시작한 게 바로 이때다. 이 말들로 선전 기관이 겨냥한 대상은 기업 리더들이나 유명 스포츠맨 혹은 정치인들이 아니라, 철학자, 작가, 교수, 역사가, 영화인과 연극인 같은 문화 엘리트들이었다. 놀라운 동시성이다. 이는 유럽 전역에서 이제 문화 엘리트가 다른 엘리트들에게 밀려나고 있는 거라는 생각이 들게 한다. 저쪽에서는 경찰 기관의 엘리트에게. 이쪽에서는 매스미디어의 엘리트에게 말이다. 아무도 이 새로운 엘리트들을 엘리트주의라는 명목으로 비난하지 않을 것이다. 그리하여, 엘리트주의라는 말도 곧 망각 속으로 떨어질 것이다.

Ensevelir_____매장하다

어떤 말의 아름다움은 음절들의 음성학적 조화에 있는 게 아니라, 소리가 일깨우는 의미론적 연관들에 있다. 피아노로 친 어떤 음정에 잘 알 수는 없으나 그 음정과 함께 울리는 화음들이 수

반되듯이, 말들 각각은 지각하기 힘든, 함께 울리는 다른 말들의 보이지 않는 행렬에 둘러싸여 있다.

예를 하나 들어 보자. 늘 드는 생각이지만, 내가 보기에 **매장하다**라는 말은, 자비롭게도, 더없이 무서운 행위에서 그 '끔찍하도록 구체적인' 측면을 없애주는 것 같다. 왜냐하면 이 말의 어근 sevel은 내게 아무것도 환기하지 않지만, 이 말의 소리가 나를 꿈꾸게 하기 때문이다. 생기sève ─ 비단soie ─ 이브Ève ─ 에블린Èveline ─ 벨벳velours. 그래서 매장이 마치 비단과 벨벳으로 가리는 것만 같다. (누군가가 내게, 이는 프랑스어를 완전히 비프랑스적으로 지각하는 거라고 지적해 준다. 내 생각에도 그럴 것 같았다.) (Celer, Esseulé, Oisiveté, Sempiternel 항목을 참조할 것.)

Esseulé_____외톨이가 된

고독 속에 던져져, 꼼짝없이 서 있는 사람. 그의 가족을 가장 잘 표현하는 말은 고독한, 버려진, 방치된 등이다. 이 말과 공명하는 음성학적 언어 연상은 잘 우는 버드나무, 즉 수양버들 le saule pleureur이다.

Être _____ 존재

많은 친구가 내게 『참을 수 없는 존재의 가벼움』의 제목을 바꾸라고 조언했다. 적어도 '존재'라는 말만이라도 빼 버릴 수 없었단 말인가? 이 말은 모든 이를 당혹스럽게 한다. 번역자들은 이 말을 만나면 실존, 삶, 조건 등, 좀 더 수수한 표현들로 대체하려는 경향을 보인다. 어느 체코 번역자는 『햄릿』을 현대식으로 옮겨 보고자 했다. "살 것인가, 살지 않을 것인가······." 하지만 바로 이 유명한 독백에서, 삶과 존재의 차이가 드러난다. 죽음 이후에도 우리가 계속 꿈을 꾼다면, 죽음 이후에도 여전히 무언가가 **존재**한다면, 죽음(비非생명)은 우리에게 존재의 공포를 없애 주지 못할 것이다. 햄릿은 삶의 문제가 아니라, 존재의 문제를 제기한다. 존재의 공포. "죽음은 두 얼굴을 가졌다. 즉 죽음은 비非존재다. 하지만 존재, 시체라는 끔찍하도록 구체적인 존재이기도 하다."(『웃음과 망각의 책』)

* Europe_____유럽

중세 시대에는 유럽의 단일성이 공통 종교를 바탕으로 이루어졌다. 근대에 들어서자, 종교는 유럽인들이 자신들을 인식하고 정의하고 동일시하는 그런 최고 가치들의 실현인 문화(예술, 문학, 철학)에 그 자리를 내어 주었다. 한데 오늘날, 이제는 또 문화가 그 자리를 내어 주고 있다. 한데 무엇에? 누구에게? 어떤 영역이 유럽을 하나로 묶을 수 있는 최고 가치들이 실현될 영역일까? 눈부신 성취를 이룬 기술 분야? 시장? 민주주의의 이상과 관용의 원칙을 품은 정치? 하지만 그 관용도, 만약 그것이 더는 그 어떤 풍성한 창조도 강력한 사상도 보호하지 못한다면, 그저 공허하고 쓸모없는 것이 되어 버리지 않을까? 아니면 혹시 문화의 이 지위 상실을, 우리가 행복감을 느끼며 만끽해야 할 일종의 해방으로 이해할 수도 있을까? 나로선 전혀 모를 일이다. 내가 아는 건 다만 문화가 이미 자리를 넘겨주었다는 것뿐이다. 그래서, 유럽의 정체성을 나타내는 이미지는 자꾸만 과거 속으로 멀어져 간다. 유럽인이란 곧 유럽에 향수를 느끼는 사람이다.

* Europe centrale_____중부 유럽
17세기에 바로크의 거대한 힘이, 국경이 변화무쌍하고 규정할 수 없는 이 다국적, 따라서 다중심적인 지역에 하나의 문화적 단일성을 부과했다. 시대에 뒤떨어진 바로크적 가톨릭의 그림자는 18세기까지 연장된다. 그래서 볼테르도 없고 필딩도 없다. 예술의 위계에서 맨 첫 자리를 차지하는 건 음악이다. 하이든 이후(그리고 쇤베르크와 버르토크에 이르기까지), 유럽 음악의 무게 중심은 이곳에 있다. 19세기에는 위대한 시인은 몇몇 있어도 플로베르는 없다. 비더마이어 정신, 그것은 현실을 가리는 목가의 베일이다. 20세기에 반항이 일어난다. 위대한 지성들(프로이트, 소설가들)이 탈신비적인 합리적 명철함, 현실 감각, 소설 등, 수 세기 동안 인정받지 못하고 등한시되던 것에 다시 가치를 부여한다. 그들의 반항은 반反합리주의적이고 반현실주의적이고 서정적인 프랑스 모더니즘의 반항과는 정반대다. (그래서 많은 오해가 빚어진다.) 카프카, 하셰크, 무질, 브로흐, 곰브로비치 등, 중부 유럽의 위대한 스타 소설가들. 낭만주의에 대한 그들의 혐오가 그렇고, 발자크 이전 소설과 자유사상 정신에 대한 그들의 사랑이 그렇고(브로흐는 키치를 계몽시대에 맞선 일부일처제 청교도주의의 음모로 해석하기도 했다.), 역사에 대해 그들이 가지는 불신과 미래 찬양을 경계하는 태도가 그러하며, 전위의 환상에서 벗어난 그들의 모더니즘도 그렇다.

제국의 붕괴와 더불어, 그리고 1945년 이후부터는 오스트리아가 문화적으로 주변화하고 다른 나라들이 정치적으로 실존하지 않게 되면서, 중부 유럽은 어쩌면 유럽 전체가 맞이하게 될 운명을 미리 비춰주는 거울, 황혼의 실험실 같은 것이 되었다.

* Europe centrale(et Europe)_____중부 유럽(과 유럽)

뒤표지 문안에서, 출판사가 브로흐를 호프만슈탈, 스베보 등 매우 중부 유럽적인 맥락 속에 위치시키고자 한다. 브로흐가 이에 항의한다. 굳이 그를 누군가와 비교하고 싶다면, 지드나 조이스와 비교할 일이라고! 그는 이런 항의를 통해 '중부 유럽인'으로서의 자신을 부인하려 했던 걸까? 아니다, 다만 그는 어떤 작품의 의미와 가치를 파악하는 데는 국가적, 지역적 맥락이 아무 도움이 되지 않는다는 걸 말하고자 했을 뿐이다.

Excitation_____흥분

즐거움도 아니고, 쾌락도 아니고, 감정도 아니고, 열정도 아닌 것. 흥분은 에로티시즘의 토대요, 그 가장 깊은 수수께끼요, 그 키워드다. "얀은 이렇게 생각했다. 인간 성생활의 시작에는 쾌락 없는 흥분이 있고, 그 끝에는 흥분 없는 쾌락이 있다고." (『웃음과 망각의 책』)

Forniquer_____간음하다

알리체(『우스운 사랑들』), 그녀는 하느님을 믿고 그분의 계명을 따르고 싶어 한다. 하지만 자명한 것 같지 않아 그녀의 반발심을 사는 계명이 하나 있다. 너는 간음하지 말지니! 그래서 그녀에게 하느님은 반反-성교의 신Buh nesouloze으로 축소된다. 프랑스어로는 반反—오입쟁이 신Dieu Anti-Fornicateur이다.

Frontière_____경계

"아주 사소한 것, 지극히 사소한 것만으로도 경계 건너편에, 사랑, 신념, 믿음, 역사 등이 더는 아무런 의미도 갖지 못하게 되는 경계 건너편에 있을 수 있었다. 인생이 경계 아주 가까이에서, 심지어 경계와 맞닿은 곳에서 펼쳐진다는 사실에, 인생이 경계에서 수 킬로미터가 아니라 겨우 1밀리미터 정도 떨어져 있다는 사실에 인생의 모든 신비가 있었다……." (『웃음과 망각의 책』)

Goût(bon goût)_____맛(좋은 맛)

『이별의 왈츠』에서, "클리마의 마지막 문장들이 발산하는 슬픔은 그녀에게 기분 좋은 향기를 풍겼다. 그녀는 그 향기를 구운 돼지고기 냄새처럼 킁킁거리며 맡았다." 독일어 번역자가 이를 이렇게 바꾼다. 그녀의 슬픔은 "마치 거품 목욕처럼 그녀를 기분 좋게 해 주었다." 슬픔을 구운 돼지고기에 비유한 것이 이 번역자에게는 저속해 보인 거다! 그러니까 나를 검열한 자, 그는 바로 이 번역자로 화한 '맛'의 신 보탄이다.

Graphomanie_____글쓰기 광증

이는 "편지나 일기나 가족 연대기를 쓰려는(다시 말해 자신이나 자기 가족을 위해 쓰려는) 것이 아니라, 책을 쓰려는(즉 미지의 독자들을 가지려는)" 광기다. (**『웃음과 망각의 책』**) 프라하에서는 흔히 쓰이는 말. 이 말이 프랑스에는 거의 알려지지 않았다. 어떻게 그럴 수 있을까? 그 대답은 이렇다. 광기는 모든 사람이 공유하면 보이지 않게 된다. 그것은 광기조차도 아니며, 한 나라의 본질에 속한다.

* Idées_____사상
어떤 작품을 그 사상으로 축소하는 사람들에게 내가 느끼는 혐오. 소위 '사상 논쟁'이라는 것에 휘말리게 될 때 내가 느끼는 공포. 작품에는 무관심한 채 온통 사상에만 정신이 팔린 시대가 내게 불러일으키는 절망.

Hagard_____얼빠진
나는 독일어에서 유래하는 이 말, 다른 언어 속에서 길 잃고 얼이 빠진 이 말을 좋아한다.

Idylle_____목가
최초의 갈등이 생겨나기 전의, 혹은 갈등에서 벗어난, 혹은 오해에 불과한 갈등, 즉 갈등 아닌 갈등만 있는 세계 상태. "40대 남자는 지극히 다양한 연애를 즐기고 있었지만, 근본적으로 목가적인 인물이었다……." (**『삶은 다른 곳에』**) 에로틱한 모험을 목가와 일치시키려는 욕망, 그것이 쾌락주의의 본질, 그 불가능성의 본질이다.

* Imagination_____상상력

사람들이 묻는다. 아이들의 섬에 있는 타미나 이야기를 통해 무슨 얘기를 하고 싶었던 거죠? 우선 그 이야기는 나를 매료시킨 꿈이었다. 깨어나서도 꾸었던 꿈, 글로 쓰면서 넓히고 심화시킨 꿈이었다. 그 의미가 뭐냐고? 글쎄다, 여러분이 원한다면, 유아중심주의의 미래를 보여주는 몽환적 이미지라고 해두자. (Infantocratie 항목을 참조할 것.) 하지만 그런 의미가 꿈보다 앞서 있었던 것이 아니라, 꿈이 그 의미보다 앞서 있었다. 따라서 이 이야기는 상상의 나래를 펴고 상상력에 이끌려서 읽어야 한다. 특히 그림 수수께끼를 해독하듯이 읽으려고 해서는 안 된다. 카프카 연구자들이 카프카를 죽인 건 그를 해독하려고 했기 때문이다.

Inexpérience_____미경험

『참을 수 없는 존재의 가벼움』의 처음 제목은

'미경험의 행성'이었다. 인간 조건의 한 특성으로서의 미경험. 우리는 단 한 번만 태어나며, 결코 이전 삶의 경험을 갖고 다른 삶을 다시 시작할 수 없다. 우리는 젊음이 무엇인지 모르는 채 어린 시절에서 벗어나고, 결혼이 무엇인지 모르는 채 결혼하며, 노년에 접어들어서도 어디로 가는지 알지 못한다. 즉 노인들은 자신의 노년을 모르는 천진한 아이들이다. 그런 의미에서, 인간의 지구는 미경험의 행성이다.

* Infantocratie_____유아중심주의

"오토바이를 탄 사내가 두 팔과 다리를 O처럼 오므리고서 텅 빈 거리 속으로 사라지더니, 굉음과 함께 시야에 다시 떠올랐다. 그의 얼굴에는 오토바이의 울부짖음을 무엇보다도 중히 여기는 어린아이의 진지함이 어려 있었다." (무질, 『**특성 없는 남자**』) 어린아이의 진지함은 기술 시대의 얼굴이다. 유아중심주의는 인류에 부과된 유년기의 이상理想이다.

Interview_____인터뷰

기자에게 자기가 한 말을 마음대로 재생산할 수 있도록 허용한 최초의 작가는 저주받을지어다! 그는 작가, 즉 자신이 쓰는 모든 말의 책임자인 사람의 실종으로 귀결될 수밖에 없는 과정을 개시한 것이다. 사실은 나도 **대화**(주된 문학 형식)를 아주 좋아하며, 나와 함께, 서로 협력하여 성찰하고, 구성하고, 작성한 여러 인터뷰에 행복을 느꼈었다. 하지만 유감스럽게도, 대개 인터뷰라고 하는 건 대화와는 아무 상관이 없다. 첫째, 인터뷰하는 사람은 당신은 관심이 없는, 그 자신이 흥미로워하는 질문을 던진다. 둘째, 당신의 답변 중에서 그는 자기 마음에 드는 것만 써먹는다. 셋째, 당신의 답변을 그 자신의 어휘로, 그 자신의 사유 방식으로 옮겨서 쓴다. 게다가 그는, 미국 저널리즘을 모방하여, 인터뷰한 내용에 대해 당신의 동의를 받으려는 노력조차 하지 않는다. 그런 식으로 인터뷰 내용이 발표된다. 당신은 이렇게 자신을 위로한다. 사람들이 금방 잊어버릴 거야! 천만의 말씀. 사람들이 그 내용을 인용해

대는 것이다! 이제는 더없이 꼼꼼한 대학 교수들조차도 작가가 직접 쓰고 서명한 말과 기자가 전하는 말을 구분하지 않는다. 1985년 6월, 나는 다시는 어떤 인터뷰도 하지 않기로 굳게 결심했다. 이 날짜 이후, 나와 함께 공동으로 작성한, **나의 저작권이 명기된** 대화들을 제외하고, 내가 한 말이라고 보도되는 모든 말은 거짓으로 간주되어야 한다.

Ironie_____아이러니

어떤 인물이 옳고 어떤 인물이 그른가? 엠마 보바리는 참을 수 없는 여자인가? 아니면 용기 있고 감동적인 여자인가? 답은 없다. 소설은 본질적으로 아이러니의 예술이며, 이것이 의미하는 바는 이렇다. 소설의 '진실'은 숨겨져 있으며, 말해지지도 않았고 말해질 수도 없다는 것. 인간은 선과 악이 명확히 구분되는 단순화된 세계상을 바란다. 하지만 돈키호테의 영웅 행각과 더불어, 소설은 이 뿌리 뽑을 수 없는 욕구를 거스르며, 우리에게 인간사의 본질적 모호성을 드러내 보여 준다. 아이러니는 이러저러한 작가의 개인적 성향이 아니다. 아이러니는 예술로서의 소설이 하는 일이다. 아이러니=모호한 것을 보여주는 방식.

Jeunesse_____청춘
"나 자신에 대한 분노의 파도가 나를 집어삼켰다, 당시의 내 나이에 대한, 어리석은 **서정 시대**에 대한 분노였다……." (『농담』)

Kitsch_____키치
『참을 수 없는 존재의 가벼움』을 쓸 때, 나는 '키치'라는 말을 이 소설의 주축主軸 어의 하나로 삼는 것이 약간은 불안했다. 사실 최근까지도 프랑스에서는 이 말이 거의 알려지지 않았거나 매우 빈약한 의미로만 알려져 있다. 헤르만 브로흐의 유명한 에세이 프랑스어 번역본에도 '키치'라는 말은 "시시한 예술"로 번역되어 있다. 오역이다. 브로흐는 키치가 단순한 저질 작품과는 다른 것임을 보여주기 때문이다. 키치적 태도가 있다.

키치적 행동도 있다. **키치-인간**Kitsch-mensch의 키치 욕구, 그것은 아름답게 보여 주는 거짓의 거울에 자신을 비춰 보고 그 거울 속의 그를, 감동에 찬 만족감을 느끼며 자신으로 인식하고자 하는 욕구다. 브로흐에게 키치는 역사적으로 19세기의 감상적 낭만주의와 연관되어 있다. 독일과 중부 유럽의 19세기는 다른 곳보다 더 낭만주의적(또한 덜 현실주의적)이었기 때문에 '키치'라는 말이 거기에서 탄생했으며, 거기에서는 이 말이 오늘날까지도 널리 쓰이고 있다. 프라하의 현대 예술가들은 늘 키치를 미학적 악의 본질로 보았다. 프랑스에서는 오락을 진정한 예술과 대립시킨다. 가벼운 예술 대對 무게 있는 예술로. 마이너 예술 대 메이저 예술로. 하지만 나는 지금껏 단 한 번도 벨몽도의 범죄 영화에 짜증을 낸 적이 없다! 나는 그의 영화들을 좋아한다! 그 영화들은 정직하며, 아무것도 가장하지 않는다! 반면, 차이콥스키의 피아노를 위한 협주곡, 바랜 장밋빛 라흐마니노프, 할리우드 명화들, 「크레이머 대 크레이머」, 「닥터 지바고」(오 가엾은 파스테르나크여!), 바로 이런 것들이 내가 진심으로, 마음 깊이 혐오하는 것들이다. 또한 나는 모더니즘을 표방하는 작품들에서 **지금도 나타나는** 키치 정신에 점점 더 화가 난다. (덧붙이자면, 니체가 빅토르 위고의 '예쁜 말들'과 '겉치레용 외투'에 대해, 그리고 리하르트 바그너의 '흉내 낼 수 없는 설탕'에 대해 느낀 반감은, 키치라는 말이 생겨나기 전에 느낀 키치 혐오였다.)

Laid_____추함

테레자는 경찰과 남편의 외도 때문에 많은 어려움을 겪은 후, 이렇게 말한다. "프라하가 추해졌어." 번역자들은 이 추하다는 말을 '끔찍하다'라거나 '견딜 수 없다'로 바꾸려고 한다. 어떤 **도덕적** 상황에 **미학적** 판단으로 반응하는 게 비논리적인 것 같아서다. 하지만 이 추하다는 말은 대체 불가능하다. 1621년 구시가舊市街 광장에서 27명의 보헤미아 귀족이 참수되는 광경을 목격했을 때, 프라하는 아연실색하도록 놀랐지만 추해지지는 않았다. 반면, 현대 세계의 추함은 어디에

나 있으면서 우리를 숨 막히게 하기에, 우리가 절망스러워할 때면 언제라도 난폭하게 튀어나온다.

Légèreté_____가벼움

참을 수 없는 존재의 가벼움, 이를 나는 이미『농담』에서 발견한다. "나는 그 먼지투성이 도로 위를 걸으며, 내 삶을 짓누르는 공허의 무거운 가벼움을 느끼고 있었다."

또한『삶은 다른 곳에』에서도. "야로밀은 이따금 끔찍한 꿈을 꾸곤 했다. 지극히 가벼운 물체, 찻잔, 숟가락, 깃털 같은 걸 들어야 하는데, 그럴 수가 없고, 물체가 가벼울수록 그 자신도 그만큼 약해져, 그 가벼움에 짓눌리는 꿈들이었다."

그리고『이별의 왈츠』에서도. "라스콜리니코프는 자신의 범죄를 한 편의 비극처럼 여기며 살았고 결국 자기 행위의 무게에 짓눌려 버리고 말았다. 한데 야쿠프는 자신의 행위가 너무나 가볍고, 그를 전혀 짓누르지 않고, 전혀 무게가 나가지 않는 걸 경이로워한다. 그러곤 이 가벼움이 어쩌면 그 러시아 주인공의 히스테리컬한 감정보다 더 무서운 것일지도 모른다는 생각을 해본다."

그리고 『웃음과 망각의 책』에서도. "위 속의 이 빈 주머니는 바로 감당하기 힘든, 무게의 부재였다. 극단은 언제라도 정반대의 극단으로 바뀔 수 있듯이, 최대치에 도달한 가벼움은 무시무시한 가벼움의 무거움이 되었고, 타미나는 자신이 그것을 단 일 초도 더 견디지 못하리라는 걸 알았다."

나는 내 모든 책의 번역본들을 다시 읽어 보다가 비로소 이런 반복을 발견하고서 깜짝 놀랐다! 그러곤 나 자신을 이렇게 위로했다. 어쩌면 모든 소설가는 단지 **여러 변주가 있는 주제** 하나(첫 소설)를 쓰는 건지도 몰라.

Litanie_____리타니

반복은, 음악의 작곡 원리다. 리타니는, 음악이 된 말이다. 나는 소설이 성찰적인 단락들에서 때때로 노래가 되길 바라는 편이다. 『농담』에서 내 집이라는 말을 바탕으로 펼쳐지는 리타니 한 단락을 보자.

"……그리고 내가 보기에 그 노래들 속에는 나의 출구, 내 출생의 표지, 내가 배신했지만 그래서 더욱 나의 집인 **내 집**chez-moi(가장 비통한 탄식은 으레 배신한 내 집에서 터져 나오는 법이므로)이 있는 것 같았다. 하지만 동시에 나는 그 내 집이 이 세계에 속하지 않는다는 것(한데 이 세계에 속하지 않는다면 그게 어떤 집일까?), 우리가 노래하는 것은 모두 하나의 추억이요, 기념물이며 이제 더는 존재하지 않는 것의 상상적 보존일 뿐이라는 사실을 깨달았고, 그러자 이 내 집의 땅바닥이 내 발밑으로 꺼져 내려앉아, 내가 클라리넷을 입에 문 채 수년의, 수 세기의 심연 속으로, 바닥없는 심연으로 미끄러져 들어가는 듯한 느낌이 들었으며, 그래서 나는 놀란 마음으로 나의 유일한 내 집은 바로 이 하강, 무언가를 찾고 갈망하는 이 추락뿐이라고 생각하며, 그런 내 집에, 내 황홀한 현기증에 나를 맡겨 버렸다."(『농담』)

내가 수정하기 전의 프랑스어 초역에서는 반복되는 내 집이 모두 동의어로 대체되었다. "……그리고 내가 보기에 이 노래들 속에서 나는 내 집에 있는 것 같았고, 내가 그 노래들에서 나온 것 같았고, 그것들의 실체가 내 출생의 표지, 즉 나의 반역을 씻어주었기에 더욱더 내게 속하는 나의 고향foyer인 것 같았다(가장 비통한 탄식은 우리가 저버린 둥지nid에서 터져 나오는 법이므로). 사실 나는 무의식적으로 그것이 이 세계에 속하지 않는다는 것(그러나 이 세상에 있지 않다면 그것은 어떤 집gîte일까?), 우리 노래와 멜로디의 살은 그저 추억이나 기념물의 두께, 더는 존재하지 않는 어떤 전설적 현실의 상상적 잔존물의 두께와 다른 것이 아님을 깨달았으며, 그러자 이 고향foyer의 대륙적 토대가 내 발밑으로 무너져 내리는 듯한 느낌이 들었고, 클라리넷을 입에 문 채, 내가 수년의, 수 세기의 심연으로, 바닥없는 심연으로 떨어지는 듯한 느낌이 들었으며, 그래서 나는 놀란 마음으로, 이 하강, 무언가를 찾고 갈망하는 이 추락이 나의 유일한 피난처refuge라고 생각하고서, 나를 나의 이 황홀한 현기증에 완전히 맡겨 버리기로 했다."(『농담』)

Livre_____책

나는 여러 방송에서 사람들이 이렇게 말하는 소리를 수없이 들었다. "……내가 내 책에서 말했듯이……." 그럴 때 사람들은 책livre의 첫음절 리li를 아주 길게, 그리고 앞의 음절보다 적어도 한 옥타브는 더 높게 발음한다.

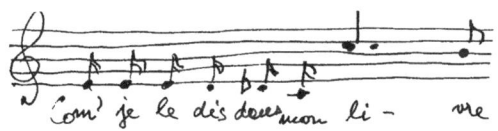

그러나 같은 사람이 "……내가 사는 마을의 관습대로"라고 말할 때는, 내ma와 마을ville 사이의 간격이 겨우 4분의 1박자에 불과하다.

'내 책', 그것은 자기 희열의 음성적 승강기다.

Lyrique_____서정적인

『참을 수 없는 존재의 가벼움』에는 여자 꽁무니를 쫓아다니는 바람둥이가 두 부류, 즉 서정적 바람둥이(여성에게서 자신의 이상을 찾는 부류)와 서사적 바람둥이(여성에게서 여성 세계의 무한한 다양성을 찾는 부류)로 나뉜다는 얘기가 나온다. 이는 서정적인 것과 서사적인 것(그리고 극적인 것) 사이의 고전적 구분에 따른 것으로, 이 구분은 18세기 말에야 독일에서 나타났는데, 특히 헤겔의 『미학』에서 훌륭하게 개진된 바 있다. 즉 서정은 자신을 고백하는 주관성의 표현이고, 서사는 세계의 객관성을 포착하려는 열정에서 비롯된다. 내가 보기에 서정과 서사는 미학적 영역을 넘어, 인간이 자기 자신과 세계와 타인에 대해 취할 수 있는 두 가지 태도(서정 시대=청춘 시대)를 나타낸다. 하지만 유감스럽게도, 서정과 서사에 대한 이러한 개념이 프랑스인들에게는 너무도 낯설었기에, 어쩔 수 없이 나는 프랑스어 번역판에서 서정적 바람둥이를 낭만적 호색한으로, 서사적 바람둥이는 방탕한 호색한으로 만드는 데 동의해야만 했다. 최선의 해결책이었지만, 조금은 슬픔을 금할 수 없었다.

Lyrisme(et révolution)_____서정(과 혁명)
"서정抒情은 도취이며, 인간은 세계와 좀 더 쉽게 혼동되기 위해 도취한다. 혁명은 연구되거나 관찰되기를 바라는 게 아니라 사람들이 그와 하나가 되기를 바라며, 그런 의미에서 혁명은 서정적이고, 혁명에는 서정이 필요하다." (『삶은 다른 곳에』) "남자와 여자들이 갇혀 있던 감옥의 바깥벽 전체가 시로 도배되었고, 사람들은 그 벽 앞에서 춤을 추었다. 아니, 죽음의 무도가 아니었다. 여기서는 천진함이 춤을 추었다! 피 흐르는 미소를 머금은 천진함이." (『삶은 다른 곳에』)

Macho_____마초
마초는 여성성을 열렬히 사랑하고 자신이 사랑하는 것을 지배하고 싶어 한다. 그는 피지배 여성의 원형적 여성성(모성, 다산, 연약함, 가정적 특성, 감상성 등)을 높임으로써, 자기 자신의 남성성을 높인다. 반면 여성 혐오자는 여성성을 혐오하며, 너무 여성스러운 여성을 멀리한다. 마초의 이상은 가정이다. 여성 혐오자의 이상은 애인이 많은 독신, 혹은 사랑하는 여성과 결혼한 자녀 없는 기혼자다.

Médiocrité_____평범

평범平凡은 처음에는 중도의, 가운데의, 중간의 품성을 가리켰다. 그러다가 의미가 중간 아래의, 나쁜 것을 가리키는 쪽으로 이동했다. 이로써 프랑스어는 현 세계의 힘을 이해하는 데 둘도 없이 소중한 개념, 중간성의 개념을 잃어버렸다.

Méditation_____사색

소설가의 세 가지 기본 능력은 어떤 이야기를 **이야기하거나**(필딩), 어떤 이야기를 **묘사하거나**(플로베르), 어떤 이야기를 **생각하거나**(무질)이다. 19세기에는 소설의 묘사가 (실증주의적이고 과학적인) 시대정신과 조화를 이루었다. 끝없는 사색을 소설의 토대로 삼는 것은, 생각하는 것을 전혀 좋아하지 않는 20세기의 시대정신에 반한다.

Merci_____감사

이 프랑스어의 발음 소리가 거친 이유가 뭘까? 반어적일 때만 납득이 간다. 당신이 누군가의 화를 돋우고, 그가 당신에게 "감사합니다Merci."라고 말할 때 말이다. 하지만 이 말이 꽃처럼 피어나는 건, '처분에 맡겨지다Être à la merci', '자비에 맡겨져 있다Être livré à la merci'라는 표현에서다.

Message_____메시지

오 년 전, 스칸디나비아 번역자가 내게 『이별의 왈츠』를 펴낸 출판사 사장이 이 책의 출간을 무척 망설였다고 털어놓으며 이렇게 말했다. "여기 사람들은 모두 좌파거든요. 당신의 메시지를 좋아하지 않아요." "무슨 메시지 말인가요?" "낙태를 반대하는 소설 아닌가요?" 물론 아니다. 사실 마음속 깊이 나는 낙태를 찬성할 뿐 아니라 낙태 의무화에도 찬성하는 사람이다! 하지만 나는 그런 오해가 생긴 게 오히려 기뻤다. 소설가로서의 나의 의도가 성공했으니 말이다. 나는 상황의 도덕적 모호성을 유지하는 데 성공한 것이다. 나는 예술로서의 소설의 본질, 즉 아이러니에 충실했다. 아이러니는 메시지 따위에는 관심이 없다!

Métaphore_____은유

문체의 장식이나 윤색으로서의 은유는 혐오스럽다. 하지만 어떤 일, 상황, 인물의 파악하기 어려운 본질을 번뜩이는 돌연한 계시처럼 파악하는 수단으로서의 은유는 더없이 소중하다. 헨트엔의 어머니와 에슈가 나누는 성교 장면을 상기해 보자. "이제 그녀는 마치 유리창을 짓누르는 짐승의 코처럼 입술로 그의 입술을 누르고 있었고, 에슈는 그녀가 마치 그에게 감추려는 듯 자신의 영혼을 앙다문 이빨 뒤로 가둬 두고 있는 것을 보고 분노로 전율했다." 에슈의 실존적 태도에 대한 정의도 보자. "그는 모호함이 없는 명확함을 원했다. 말하자면 자신의 고독을 마치 쇠말뚝에 묶듯 그 명확함에 묶을 수 있을 만큼 분명한 그런 단순함의 세계를 창조하고 싶었다."
(헤르만 브로흐, 『몽유병자들』)

Misogyne_____여성 혐오자
우리는 모두 어릴 때부터 어머니와 아버지, 여성성과 남성성을 대면하게 된다. 따라서 이 두 원형 각각과 맺는 조화롭거나 조화롭지 않은 관계에 영향을 받는다. 여성을 두려워하는 사람(여성 혐오자)은 남자들만이 아니라 여자들에게서도 발견되며, 남성 혐오자(남성 **원형**과 부조화 상태로 사는 사람) 못지않게 많은 여성 혐오자가 존재한다. 이러한 태도들은 인간 존재의 서로 다른, 하지만 전적으로 정당한 가능성이다. 여성주의적인 이분법은 한 번도 남성 혐오라는 문제를 제기한 적이 없으며, 여성 혐오를 단순한 모욕으로 바꾸어 버렸다. 그렇게 함으로써, 이 개념의 심리학적 내용이라는, 분석할 가치가 있는 유일한 내용을 교묘히 피해 버렸다.

Misomuse_____뮤즈 혐오자

예술에 무감각하다는 건 심각한 일이 아니다. 프루스트를 읽지 않고도, 슈베르트의 음악을 듣지 않고도 평화롭게 살 수 있다. 그러나 뮤즈 혐오자는 평화롭게 살지 못한다. 그는 자신의 이해 능력을 넘어서는 뭔가가 있다는 사실에 모욕감을 느끼고 그것을 싫어한다. 대중적인 반유대주의가 있듯이, 대중적인 뮤즈 혐오증이 있다. 파시스트 체제와 공산주의 체제는 현대 예술을 사냥할 때 이를 이용할 줄 알았다. 한데, 고도화된, 지적인 뮤즈 혐오증이 또 있다. 그것은 예술을 미학 너머의 어떤 목표에 복종시킴으로써 예술에 앙갚음한다. 참여 예술의 독트린은 정치 수단으로서의 예술이다. 교수들에게 예술 작품은 단지 어떤 방법(정신분석학, 기호학, 사회학 등)을 실천하기 위한 구실에 불과하다. 예술의 대종말은 뮤즈 혐오자들이 스스로 예술을 하겠다고 나설 때 찾아오며, 이로써 그들의 역사적 복수가 성취될 것이다.

Moderne(art moderne, monde moderne)_____
현대(현대 예술, 현대 세계)

서정적 엑스터시를 통해 자신을 현대 세계와 동일시하는 현대 예술이 있다. 아폴리네르가 그렇다. 기술을 찬양하고 미래에 매혹된 사람들. 그가 그렇고, 그 이후에는 마야콥스키, 레제, 미래파, 그리고 모든 아방가르드가 그렇다. 하지만 아폴리네르의 반대편에, 카프카가 있다. 그에게 현대 세계는 인간이 길을 잃는 미로 같은 것이다. **반서정적**이고, 반낭만적이며, 회의적이고, 비판적인 모더니즘. 카프카가 그렇고, 그 이후에는 무질, 브로흐, 곰브로비치, 베케트, 이오네스코, 펠리니 등이 그렇다. 이 '반현대적인 모더니즘'의 유산은 미래로 나아갈수록 점점 더 커진다.

Moderne(être moderne)_____현대(현대적이 되다)
체코의 위대한 전위 소설가 블라디슬라프 반추라는 1920년경에 이렇게 썼다. "새롭고, 새롭고,

새로운 게 공산주의의 별이요, 이것 없이는 현대성도 없다." 그래서 그의 세대 전체가 현대적이 될 기회를 놓치지 않으려고 공산당에게로 달려갔다. 공산당의 역사적 몰락은 공산당이 세계 곳곳에서 '현대성의 바깥'에 처하는 순간 확고해졌다. 랭보가 "절대적으로 현대적이어야 한다."라고 명하지 않았는가. 현대적이고자 하는 욕망은 하나의 원형, 다시 말해 우리 안에 깊이 뿌리내린 어떤 불합리한 명령이요, 그 내용이 불확정적이고 변하는, 어떤 집요한 형식 같은 것이다. 즉 스스로 현대적이라고 선언하는 것이 현대적이며 또 그렇게 받아들여진다. 『페르디두르케』에 등장하는 므워드지아코프 부인은 "예전에 몰래 숨어서 가곤 하던 화장실, 그 화장실로 향해 가는 자신의 경망스러운 걸음걸이"를 현대성의 한 징표인 양 자랑하듯 전시한다. 곰브로비치의 『페르디두르케』는, 현대적인 것의 원형을 가장 적나라하게 발가벗긴 작품이다.

Mystification_____신비화

18세기에 탄생한 유희적 신조어. 디드로는 마흔일곱 살 때 크루아마르 후작에게, 곤경에 처한 한 젊은 수녀가 그의 보호를 구하고 있다고 믿게 하는 놀라운 사기를 친다. 몇 달에 걸쳐 그는 존재하지도 않는 이 수녀가 서명한 편지들을 후작에게 보내 그를 감동에 젖게 만든다. 이를 소설화한 그의 『수녀』는 신비화의 결실이다. 디드로와 그의 세기를 사랑하게 하는 또 하나의 이유다. 신비화란, 세계를 진지하게 받아들이지 않게 하는 능동적 방식이다. 『우스운 사랑들』의 중심 주제가 바로 그것이다.

Naguère_____예전에

지난 시간을 가리키는 말들. **오트르푸아**Autrefois는 중립적이다. **자디스**Jadis는 말의 끝 자음 s가 발음되어서 내 귀에는 꼭 무슨 판결처럼 들린다. **나게르**Naguère, 이는 탄식이다. 하지만 내 귀에 이 말이 사라진 초(秒)에 대해 터뜨리는 놀라운 탄식처럼 들리는 건 어쩌면 나의 체코 억양 때문인지도 모른다. 나게에르naguèère, 나게에르······.

Non-_____ 비非

체코어나 독일어에서는 단 하나의 접두어로 거의 무한하게 부정의 실사實辭들을 만들어 낼 수 있다. 하이데거의 Die Unwelt는 비非세계le non-monde, 더러운 것le immonde, 자기 고유의 본질이 사라진 세계를 가리킨다. 또는 블라디미르 홀란의 이런 시구도 있다. **나무 그늘 속에 비非나무 그늘이 있다** Il y a de la non-feuillée dans la feuillée. 이를 프랑스어로 번역하려면 아무리 이상해 보이더라도 이렇게 합성어를 만들 수밖에 없다. 내 소설에서는 이런 말들이 나온다. 비非존재non-être, 비非운명non-destin, 비非사랑non-amour, 비非사유non-pensée, 비非회귀non-retour.

Non-être_____ 비非존재

"······비존재처럼 보드랍도록 푸르스름한 죽음." 하지만 "무無처럼 푸르스름하다."라고 말할 수는 없다. 무는 푸르스름하지 않기 때문이다. 무와

비존재는 완전히 다른 두 가지라는 증거다.

Non-pensée_____비非사유

이를 '사유의 부재'로 번역할 수는 없다. 사유의 부재는 어떤 비非현실, 현실 도피를 가리킨다. 부재가 공격적이라고 한다거나 진전한다고 말할 수는 없다. 반면, 비非사유는 어떤 현실, 어떤 힘을 가리킨다. 그러므로 나는, 쇄도하는 비사유라거나, 선입견들의 비사유, 매스미디어의 비사유 같은 말을 할 수 있다.

Obscénité_____외설

외국어로는 외설스러운 말을 해도 외설로 느껴지지 않는다. 외설스러운 말도 외국어 억양이 들어가면 코믹하게 들린다. 외국 여성과는 외설스럽게 놀기가 어렵다. 외설은 조국애의 가장 깊은 뿌리다.

Octavio_____옥타비오

내가 이 소사전을 쓰고 있을 때, 옥타비오 파스

와 그의 아내 마리조가 사는 멕시코시티 중심부에서 무시무시한 지진이 일어난다. 아흐레 동안이나 두 사람에게서 소식이 없었다. 9월 27일, 내가 이 소사전 최종본을 피에르 노라에게 넘기는 날, 저녁에 전화벨이 울린다. 옥타비오의 메시지다. 나는 포도주를 한 병 따서 그를 위해 건배한다. 그러곤 너무도 소중하고 소중한 그의 이름을, 이 여든아홉 개의 말 중 쉰다섯 번째 말로 싣는다.

Œuvre_____작품

"초안草案에서 작품까지 나아가는 길은 무릎으로 기어가는 길이다." 나는 홀란의 이 시구를 잊을 수가 없다. 그래서 카프카가 펠리체에게 쓴 편지들을 그의 『성』과 같은 수준에 놓기를 거부한다.

Oisiveté_____무위

모든 악덕의 어머니. 하지만 프랑스어로 이 단어가 내게 너무도 매력적으로 울리는 건 어쩔 수가 없다. 그것은 공명하는 이런 언어 연상 덕택이다. 무위의 여름 새 l'oiseau d'été de l'oisiveté.

Opus_____오푸스

작곡가들의 훌륭한 습관. 그들은 자신이 '가치 있는' 작품이라고 인정하는 것에만 작품 번호를 부여한다. 미성숙기에 만들었거나 어쩌다가 만들게 된 작품, 또는 습작으로 만든 작품에는 번호를 매기지 않는다. 예를 들어 베토벤의 「살리에리 변주곡」같이 번호가 매겨지지 않은 작품은 정말 신통치 않지만, 그렇다고 우리가 실망하는 건 아니다. 작곡가 자신이 우리에게 경고했기 때문이다. 모든 예술가에게 제기되는 근본적인 질문. 그의 '가치 있는' 작품의 출발점은 어디인가? 야나체크는 마흔다섯 살이 되어서야 자신의 독창성을 찾았다. 그 이전 시기의 작곡으로 남아 있는 몇몇 작품을 들을 때 나는 마음이 괴롭다. 드뷔시는 죽기 전에 자신의 모든 초안, 미완성으로 남긴 모든 걸 없애 버렸다. 저자가 자기 작품들을 위해 해 줄 수 있는 최소한의 봉사, 그것은 그 작품들 주변을 깨끗이 청소해 주는 것이다.

Ordinarité_____범상함

진부함도 저속함도 아니다. 튀려고 애쓰지 않는 사람, 도발하는 일 없이 그저 천진하게 범상하기만 한 사람의 품성. 범인凡人의 매력과 부드러움. 루치에(『농담』)가 그런 사람이다.

Orgasme_____오르가슴

미국 번역판의 원고를 보니, 내 원본에 기쁨, 관능, 쾌락 같은 말이 있는 곳마다 번역자가 '오르가슴'이라는 말을 대신 넣는다. 한 등장인물('서사적 바람둥이')의 머리카락에서 여성의 성기 냄새가 난다. 번역자가 이를 이렇게 옮긴다. 머리카락에서 여성의 오르가슴 냄새가 난다. 오르가슴 중심주의.

Orgasmocentrisme_____오르가슴 중심주의

"……그녀에게 쾌감을 안겨 주기란 쉽지 않았다. 그녀는 그에게 **더 빨리, 더 빨리**라고 소리쳤고, 얼마 후에는 반대로 **천천히, 천천히**라고, 그러곤 다시 **더 세게, 더 세게** 하고 외쳤다. 마치 조

정 경기에서 리더가 노 젓는 선수들에게 명령을 외치는 것 같았다. 정신을 온통 자기 살갗의 민감한 부분들에 집중시킨 채, 그녀는 그의 손을 이끌어 제때 제 장소에 놓이게끔 했다. 그는 땀 범벅이 되어 그 젊은 여자의 참을성 없는 눈길과 그녀의 육체, 이 모든 일의 의미이자 목적인 작은 폭발을 일으키기 위해 움직이는 그 기계의 뜨거운 몸짓을 바라보았다." (『웃음과 망각의 책』)

Oubli_____망각
"권력에 대한 인간의 투쟁은 망각에 대한 기억의 투쟁이다." 『웃음과 망각의 책』의 등장인물 미레크가 말한 이 문장은 종종 이 소설의 메시지처럼 인용되곤 한다. 왜냐하면 독자는 소설을 읽을 때 우선 '이미 알려진 것'부터 알아보기 때문이다. 이 소설에서 '이미 알려진 것'이란 조지 오웰의 유명한 주제, 즉 전체주의 권력에 의해 강요된 망각이다. 하지만 미레크에 관한 이 이야기의 독창성은 전혀 다른 곳에 있다. 이 소설에서 미레크는 사람들이 자신(그와 그의 친구들, 그리고 그들의 정치 투쟁)을 잊지 않게 하려고 온 힘을 다해 노력하지만, 이와 동시에 다른 사람(그가 수치스러워하는 그의 애인)을 잊게 하려고 최선을 다한다. 망각에 대한 욕망은 정치적 문제이기 이전에 인류학적인 문제다. 말하자면 예로부터 인간은 늘 자기 자신의 전기를 다시 쓰고자 하는 욕망, 과거를 바꾸고 흔적을, 자신의 흔적과 다른 사람들의 흔적을 지우고자 하는 욕망을 품어 왔다. 망각에 대한 욕망은 결코 남을 속이려는 단순한 욕망이 아니다. 사비나는 무엇이건 숨길 이유가 전혀 없지만, 잊히고 싶은 불합리한 욕망에 사로잡힌다. 망각은 절대적 부당함인 동시에 절대적 위안이다. 망각이라는 주제에 대한 소설의 고찰은 끝도 없고 결론도 없다.

Paradis_____낙원
"낙원에서 [...] 인간은 아직 인간의 길로 나서지 않았다. [...] 낙원에 대한 향수, 그것은 곧 인간이 되지 않고자 하는 인간의 욕망이다." (『참을 수 없는 존재의 가벼움』)

Politique_____정치

이 말은 여느 말들과는 다르게 발음되곤 한다. 이 말의 첫음절은 정치인이나 언론인의 입에서는 마치 짧은 총성처럼 터져 나온다. "이건 정치적인 문제요!C'est un problème POlitique!" 정치가 이 세계의 중대한 문제들(점증하는 인구 과잉, 통제할 수 없는 기술 진화, 지구 황폐화, 문화의 소멸) 앞에서 무기력할수록, PO라는 음절은 더욱더 자기 자신의 중요성에 도취한다.

Portemanteau_____옷걸이

또 하나의 마법의 오브제다. 루드비크가 헬레나를 찾고 있을 때, 그는 이것을 보고서 그녀가 자살했다고 상상한다. "철제 몸통에 밑부분은 다리 세 개의 받침대로 받쳐져 있고 윗부분은 가지 세 개로 갈라져 있었다. 이 옷걸이에는 아무것도 걸려 있지 않았다. 어딘가 사람 비슷한 모양을 한 그 옷걸이는 꼭 고아 같았다. 아무것도 걸치지 않은 철제 몸통에 우스꽝스럽게 팔을 위로 치켜들고 있는 그 모습은 어쩐지 내 마음에

짙은 불안을 몰고 왔다." 그리고 좀 더 뒤에 가서는, "……투항하는 병사처럼 두 팔을 높이 쳐들고 있는 그 앙상한 철제 옷걸이." 나는 『농담』의 표지에, 이 소설의 전체 분위기를 구현하는 것만 같은 이 오브제의 이미지를 몹시도 넣고 싶었다.

Pseudonyme_____가명
나는 작가들이 법에 따라 자신의 신분을 비밀로 하고 가명을 사용해야만 하는 세상을 꿈꾼다. 그 이점은 이렇다. 글쓰기 광증을 근본적으로 제한할 수 있고, 문단 활동에서 공격성을 줄일 수 있다.

Quatre-vingt-neuf_____여든아홉
소수素數들. 그들은 요새처럼 견고하고, 나눌 수 없고, 파괴할 수 없다. 작품 건축에 이상적인 수학적 토대다. 여든아홉으로 말하자면, 이 소수는 8과 9라는 큰 두 숫자 덕에 어느 스웨덴 운동선수 커플의 매력을 지니는 것 같다. 이렇게 말할 수도 있으리라. "여든아홉처럼 아름답다."라고.

루돌프 2세 궁정의 연금술사들이 숭배했던 숫자이기도 하다.

Réflexion_____성찰

성찰적인 단락들이 번역하기가 가장 어렵다. 의미의 정확성도 지켜야 하지만(의미론적으로 부정확한 번역은 모두 성찰을 엉터리로 만든다.) 동시에 아름다움도 잃지 않아야 한다. 성찰의 아름다움은 **성찰의 시적인 형태들**에서 모습을 드러낸다. 내가 아는 그런 형태는 셋이다. 1) 아포리즘, 2) 리타니, 3) 은유. (Aphorisme, Litanie, Métaphore 항목을 참조할 것.)

Répétition_____반복

같은 말의 반복을 동의어로 대체하여 저자의 문체를 개선하고자 하는 번역자들. "프랑스어에서는 그런 반복이 가능하지 않아요."라고 누군가가 내게 말한다. 하지만 프랑스의 가장 아름다운 산문 하나는 다음과 같은 문장들로 시작된다. "나는 […] 백작 부인을 미친 듯이 사랑했다.

나는 스무 살이었고, 나는 순진했다. 그녀는 나를 속였고, 나는 화를 냈고, 그녀는 나를 떠났다. 나는 순진했고, 나는 그녀가 그리웠다. 나는 스무 살이었고, 그녀는 나를 용서했다. 나는 스무 살이었으므로, 나는 순진했고, 늘 속았지만, 더는 버림받지 않았기에, 나는 내가 가장 사랑받는 애인이며, 그래서 가장 행복한 남자라고 믿었다······." (비방 드농, 『내일은 없다』) 이런 반복들을 어디 한번 동의어로 바꿔 보시라. 절묘한 유희가 송두리째 사라져 버릴 것이다.

Rewriting_____다시 쓰기

인터뷰, 대담, 녹취. 그리고 영화나 텔레비전 방영을 위한 각색, 전사轉寫 등, 다시 쓰기는 저널리스트가 왕인 시대, 생각과 이미지의 정확성이 시대에 뒤진 사치처럼 여겨지는 이 시대의 시대정신이 되어 버린 것 같다. "언젠가는 과거의 문화 전체가 완전히 다시 쓰일 테고, 그 다시 쓰기 뒤에서 완전히 잊히게 될 것이다." (『자크와 그의 주인』의 서문) 그리고 이런 말도 있다. "기록된 것을 감히 다시 쓰는 자들은 모조리 뒈져 버려라! 꼬챙이에 꿰어져 약한 불에 천천히 불타 죽어라! 거시기가 잘리고 귀가 잘려 버려라!"(『자크와 그의 주인』에 나오는 주인의 말)

Rire(européen) ──── 웃음(유럽의)

라블레에게는 즐거운 것과 코믹한 것이 아직 하나였다. 18세기의 스턴과 디드로의 유머는 라블레식 즐거움에 대한 향수 어린 따뜻한 추억이 된다. 19세기의 고골은 우울한 유머리스트다. 그는 이렇게 말한다. "재미난 이야기를 주의 깊게 찬찬히 살펴보면, 이야기가 점점 더 슬퍼진다." 유럽은 자기 실존의 재미난 이야기를 너무 긴 시간 동안 지켜보았기에, 20세기에 이르면 라블레의 즐거운 서사시가 이오네스코의 절망에 찬 희극으로 바뀐다. 이오네스코는 이렇게 말한다. "끔찍한 것과 코믹한 것을 나누는 것은 별로 없다." 유럽의 웃음의 역사가 원점으로 되돌아간다.

Roman_____소설

작가가 실험적인 자아(등장인물)를 통해 실존의 중요한 주제들을 끝까지 탐구하는 위대한 산문 형식.

Roman(et moi)_____소설(과 나)

내가 쓴 모든 글 중에서, 작품 번호를 받을 자격이 있는 건 소설뿐이다. (내가 보기에는 『우스운 사랑들』도 한 편의 소설, 느슨한 형식의 소설이다.) 거기에 희곡 『자크와 그의 주인』— 한 편의 소설에 바치는 연극적 오마주 — 이 추가된다. 그리고 내 에세이 중에서는, 소설 예술을 다룬 몇 작품만 추가될 수 있다. (Opus 항목을 참조할 것.)

Roman(et la poésie)_____소설(과 시)

1857년은 19세기의 가장 위대한 해다. 『악의 꽃』은 서정시 역사의 정점이다. 소설은 『마담 보바리』를 통해서 처음으로 시의 가장 까다로운 요구 사항들('다른 무엇보다 특히 아름다움을 추구'

하는 그 의도, 말 하나하나의 중요성, 텍스트의 강도 높은 멜로디, 모든 세부 내용에 적용되는 독창성의 명령 등)을 수행할 준비를 갖춘다. 1857년에 서정시는 소설 시에 바통을 넘겨주었다. 이후부터 소설의 역사는 '시가 된 소설'의 역사가 된다. 그러나 **시의 요구 사항들을 수행**한다는 건 소설을 **서정화**하는 것(소설의 본질인 아이러니를 포기하고, 외부 세계를 저버리고, 소설을 개인적 고백으로 바꾸고, 장식적 요소들로 가득 채우는 것)과는 완전히 다른 무엇이다. '시인이 된 소설가들' 중에서 가장 위대한 이들은 맹렬하게 **반서정적**이다. 플로베르, 조이스, 카프카, 곰브로비치 등이 그렇다. 소설=반서정적인 시.

* Roman(européen)_____소설(유럽의)

내가 **유럽** 소설이라고 부르는 것은 근대의 여명기에 유럽 남부에서 형성되어 자체로 하나의 역사적 실체를 나타내며, 나중에 지리적 의미에서의 유럽 너머까지(특히, 두 아메리카 대륙으로) 그 공간을 넓혀 가는 것을 말한다. 그 형식들의 풍요로움, 그 진화의 엄청나게 집중된 강도, 그 사회적 역할 등의 면에서 유럽 소설(유럽 음악과 마찬가지로)에 비견될 만한 것은 다른 어떤 문명에서도 찾아볼 수 없다.

Romancier(et écrivain)_____소설가(와 작가)

사르트르의 에세이 「글쓰기란 무엇인가?」를 다시 읽어 본다. 그는 단 한 번도 **소설**, **소설가**라는 말을 사용하지 않는다. 그는 **산문 작가** 이야기만 한다. 올바른 구분이다. 작가는 독창적인 사상과 흉내 낼 수 없는 하나의 목소리를 가지고 있다. 그는 (소설을 포함한) 어떤 형식도 사용할 수 있으며, 그가 쓰는 것은 모두 그의 생각이 각인되고 그의 목소리가 실려 그의 작품 일부가 된다. 소설가는 자신의 사상을 그리 중시하지 않는다. 그는 실존의 알려지지 않은 어떤 측면, 오직 소설만이 조명하여 가시화할 수 있는 그런 측면을 더듬거리며 드러내려고 애쓰는 발견자다. 그는 자신의 목소리가 아니라 자신이 추구하는 형식에 매료된 사람이며, 그의 꿈의 요구에 부응하는 형식들만이 그의 작품 일부가 된다.

작가는 자기 시대와 자기 나라의 정신적 지도에, 더러는 사상사思想史의 지도에 자신의 흔적을 남긴다.

어떤 소설의 가치를 파악할 수 있는 유일한 맥락은 유럽 소설사小說史의 맥락이다. 소설가는 세르반테스를 제외한 다른 누구하고도 볼일이 없다.

* Romancier(et sa vie)_____소설가(와 그의 삶)

"작가는 후세 사람들에게 자신이 살지 않았다고 믿게 해야 한다."라고 플로베르는 말한다. 모파상은 "어떤 사람의 사생활과 얼굴은 대중에게 속하는 것이 아니"라며, 유명 작가 시리즈에 자신의 초상화를 싣지 못하게 한다. 헤르만 브로흐는 자신과 무질과 카프카에 대해, "우리 세 사람은 모두 진짜 전기biographie가 없다."라고 말한다. 자기들 삶에 이렇다 할 사건이 없었다는 뜻이 아니라, 그것이 부각이 되고, 대중에게 알려지고, 생애 기록bio-graphie이 될 게 아니라는 뜻이다. 누군가가 카렐 차페크에게 시는 왜 쓰지 않느냐고

묻는다. 그는 이렇게 대답한다. "나는 나 자신에 대해 얘기하는 것이 싫거든요." 진정한 소설가의 유별난 특징, 그것은 자기 얘기 하는 것을 좋아하지 않는다는 것이다. 나보코프는 "나는 위대한 작가들의 소중한 삶에 코를 들이미는 짓을 혐오하며, 어떤 전기 작가도 내 사생활의 베일을 벗겨서는 안 된다."라고 말한다. 이탈로 칼비노는 자기 삶에 대해서는 아무에게도 참말은 단 한 마디도 하지 않겠다고 밝힌다. 또 포크너는 "인간으로서는 역사에서 폐기되고 지워져, 인쇄된 책 외에 아무것도, 어떤 흔적도 역사에 남기지 않게 되기를" 바란다. (**책**과 **인쇄된**이라는 말을 강조하자. 그러니까 미완성 원고, 편지, 일기 등은 남기지 않겠다는 뜻이다.) 한 유명한 은유에 따르면, 소설가는 자신의 생애라는 집을 헐어 그 벽돌로 다른 집, 즉 소설의 집을 짓는 사람이다. 그렇다면 어떤 소설가의 전기 작가들은 그가 지은 집을 허물고 그가 허문 집을 다시 짓는 사람들이다. 예술의 관점에서 보면 부정적이기만 한 그들의 작업은 소설의 가치도 의미도 밝혀 주지 못한다. 카프카가 요제프 K.보다 더 관심을 끌게 되는 순간부터, 카프카의 사후 죽음의 과정이 시작된다.

* Rythme_____리듬

나는 내 심장의 고동 소리를 듣는 것이 무섭다. 그 소리는 내 삶의 시간이 헤아려지고 있음을 끊임없이 환기한다. 그래서 나는 늘 악보의 마디를 나누는 소절선小節線에서 뭔가 으스스한 것을 보았다. 하지만 가장 위대한 리듬의 거장들은 예측할 수 있는 그 단조로운 규칙성을 침묵시킬 줄 알았다. 위대한 다성多聲 음악가들, 그들은 대위법적이고 수평적인 사유로 박자의 중요도를 떨어트렸다. 베토벤의 경우, 말기 작품들에서는 박자를 구분하기가 무척 어려운데, 그만큼 리듬이, 특히 느린 악장들에서 복잡하게 되어 있다. 올리비에 메시앙은 작은 리듬 값들을 부가하거나 빼는 기법 덕분에, 예측할 수 없고 헤아릴 수 없는 시간적 구조를 만들어 낸다. 리듬의 재능은 요란하게 강조되는 규칙성으로 표현된다는 선입견

이 있다. 틀린 생각이다. 고막을 울리는 록의 원시주의적 리듬은 심장 박동을 증폭시켜 인간이 죽음을 향한 자신의 행진을 단 한 순간도 잊지 않도록 한다.

Sempiternel⎯⎯⎯끝없는
영원éternité을 이처럼 경망스럽게 대하는 말은 다른 어떤 언어에서도 찾아볼 수 없다. 이 말과 공명하는 언어 연상들을 보자. 불쌍히 여기다s'apitoyer — 어릿광대pitre — 불쌍한piteux — 흐릿한terne — 영원한éternel. 즉 너무나 흐릿한 영원을 불쌍히 여기는 어릿광대le pitre s'apitoyant sur le siterne éternel.

Slave⎯⎯⎯슬라브
육 년 전 한 친한 여자분이 내게 자신이 가진 『농담』 책을 보여 주었다. 그녀는 그 책에 나오는 문장, "우리 싸움의 선박 뒤편에서, 나는 마음을 가라앉히는 시간의 물결이 다시 멈추는 것을 보았다……."에 연필로 밑줄을 긋고는 여백에 "슬라브적 상상력"이라고 적어 두었다. 그녀는 "우리 싸움의 선박"이 번역자가 부풀려서 덧붙인 표현임을 알지 못했다. 하지만 슬라브라는 말 자체는, 그녀도 나처럼 이해했다. 사물들을 과도하게 시화詩化하고, 감정을 전시하고, 깊이를 흉내 내고, 뭔가 말한다고 우기면서 당신이 뭘 모른다고 비난하는 듯한 긴 시선……. 이것이 슬라브적 영혼에 대한 나의 시각이다. 슬라브적 영혼, 그것은 전적으로 부정적인 개념이다.

Sourire_____미소

움직임 없이, 얼굴에 들러붙어 있는 미소. 그것은 극도의 악의를 나타내는 표시다.

Soviétique_____소비에트의

나는 이 형용사를 쓰지 않는다. 소비에트 사회주의 공화국 연합이란, "말 넷, 거짓말 넷"(코르넬리우스 카스토리아디스)이다. 소비에트 국민이란, 제국의 모든 러시아화한 국가를 잊히게 하려는 어휘의 가림막이다. '소비에트'라는 말은 위대한 공산주의 러시아의 공격적 민족주의뿐만 아니라, 반대파가 품는 국가에 대한 향수하고도 잘 맞는다. 이 말 덕분에 그들은 어떤 마법처럼, 러시아(진짜 러시아)가 소위 소비에트 국가에는 존재하지 않으며, 그 어떤 비난에서도 벗어나, 때 묻지 않은, 온전한 본질 그대로 영속하고 있다고 믿게 된다. 독일의 양심은 나치 시대 이후 트라우마와 죄책감에 시달렸고, 토마스 만은 게르만인의 정신에 대한 잔인한 의문 제기를 했다. 폴란드 문화의 성숙함은 '폴란드적 특성'을 유쾌하게 능욕하는 곰브로비치를 통해 표현된다. 러시아인들로서는 '러시아적 특성', 때 묻지 않은 그 본질을 능욕한다는 건 생각조차 할 수 없는 일이다. 그들에게는 만도 없고 곰브로비치도 없다.

Tchécoslovaquie_____체코슬로바키아

내 소설의 줄거리는 대개 체코슬로바키아를 배경으로 하나, 나는 소설에서 이 말을 절대 쓰지 않는다. 이 합성어는 너무 젊고(1918년에 탄생했다.) 시간 속에 내린 뿌리도 없고, 아름다움도 없으며, 이 말이 가리키는 대상의 너무 젊고(시간에 의해 검증되지 않은) 복합적인 특성의 속내를 노출한다. 이토록 부실한 말을 토대로, 부득이하게, 하나의 국가를 세울 수 있을지는 몰라도 소설을 지을 수는 없다. 내가 내 소설에 등장하는 인물들의 나라를 지칭할 때, 늘 보헤미아라는 옛말을 사용하는 건 그래서다. 정치 지리학의 관점에서는 정확하지 않은 명칭이지만(내 소설 번역자들은 이에 종종 반발하곤 한다.), 시의 관점에서는 가능한 유일의 명칭이다.

Temps modernes_____현대

현대의 도래. 이는 유럽사의 중요한 순간이다. 신은 **부재하는 신**Deus absconditus이 되고 인간이 모든 것의 토대가 된다. 유럽의 개인주의가 탄생하고, 이와 더불어 예술, 문화, 과학의 새로운 상황이 펼쳐진다. 나는 미국에서 이 말의 번역 문제로 애를 먹는다. 이 말을 **모던 타임스**modern times로 옮기면, 미국인은 이 시대, 금세기로 이해한다. 이처럼 미국이 현대라는 개념 자체를 모른다는 것, 이는 두 대륙 사이의 균열을 적나라하게 드러낸다. 지금 유럽은 현대의 종말을 경험하고 있다. 즉 개인주의의 종말, 대체 불가능한 개인적 독창성의 표현으로서의 예술의 종말, 유례없는 획일성의 시대를 예고하는 종말 말이다. 그런 종말의 느낌, 미국은 그런 걸 느끼지 못한다. 현대의 탄생을 경험하지 못한 채, 뒤늦게 받아들인 상속자에 불과하기 때문이다. 미국은 시작과 끝에 대한 다른 기준을 갖고 있다.

Tendre_____보드라운
"남자는 절망에 찬 보드라운 물고기처럼 바둥거리는 야로밀을 공중에 단단히 움켜잡은 채, 방을 가로질러 갔다." (『삶은 다른 곳에』)

* Testament_____유언
지금까지 내가 쓴 (그리고 쓰게 될) 모든 책 중, 갈리마르 출판사의 최신판 도서 목록에 인용된 책들 외에 다른 어떤 책도, 이 세상 어디든 어떤

형태로든 출판되거나 복제될 수 없다. 주석을 덧붙인 판본도 안 된다. 각색도 안 된다. (Œuvre, Opus, Rewriting 항목을 참조할 것.) [1995년 『소설의 기술』 재판본에 추가된 항목.]

Traducteurs_____번역자들
나는 종종 그들에 대해 나쁘게 말하는데, 사실 그건 부당하다. 그들은 보수도 적고, 제대로 된 평가도 좋은 대우도 받지 못하지만, 사람들은 그들이 양립 불가능한 두 가지 일을 하도록 요구한다. 모든 면에서 저자와 동등한 수준에 있을 것을 요구함과 동시에, 저자에게 완전히 종속되어 있기를 요구하는 것이다. 끔찍하다. 하지만 그들은 바로 우리가 세계 문학이라는 초국가적 공간에서 살 수 있도록 해 주는 사람들이다. 그들은 유럽의, 서구의 겸손한 건축가들이다.

Trahir_____배신하다
"한데 배신이란 무엇인가? 배신한다는 건 줄 바깥으로 나가는 것이다. 배신이란 줄 바깥으로 나가 미지의 세계로 떠나는 것이다. 사비나에겐 미지의 세계로 떠나는 것보다 더 아름다운 건 없었다."(『**참을 수 없는 존재의 가벼움**』)

* Transparence_____투명성

정치나 저널리즘 담론에서 이 말은, 개인의 삶을 대중의 시선에 노출하는 것을 의미한다. 여기서 우리는 앙드레 브르통과 그의 욕망, 모든 사람이 들여다볼 수 있는 **유리집**에서 살고 싶어 했던 그 욕망을 떠올리게 된다. 유리집은 오랜 유토피아인 동시에, 현대 생활의 가장 끔찍한 일면이다. 그 규칙은, 국가의 일이 불투명할수록 개인의 일은 그만큼 더 투명해야 한다는 것. 관료 조직은 **공적인 일**을 맡아 하는데도 익명이요, 은밀하고 코드화되어 있고 이해할 수 없는 반면, **사적 인간**은 자신의 건강, 재정, 가족 상황 등을 드러내야 하며, 일단 매스미디어의 판결이 내려지기만 하면 사랑에서든 질병에서든 죽음에서든 한시도 자신만의 내밀한 순간을 가질 수 없다. 타인의 내밀한 사생활을 침해하려는 욕망은 아주 오래

된 공격성의 한 형태지만, 오늘날에는 그것이 제도화되어 있고(파일을 관리하는 관료 조직, 기자들을 거느린 언론 조직), 도덕적으로 정당화되어 있고(알 권리가 가장 중요한 인권이 되었다.), 시화詩化되어 있다(투명성이라는 아름다운 말로).

Uniforme_____유니폼
"현실은 계획들로 변환될 수 있는 계산의 획일성 속에 있으므로, 인간 역시 현실과의 접촉을 유지하고 싶다면 획일성 안으로 들어가야 한다. 오늘날 획일성uni-forme을 지니지 못한 인간은 그 자체로 이미 우리 세계 속의 어떤 이물질처럼 비현실적인 인상을 준다." (하이데거, 『형이상학의 초월』) 측량 기사 K.는 인류애를 추구하는 게 아니라(감상적 '휴머니스트'적 해석은 그렇게 생각하지만) 어떤 획일성을 필사적으로 추구한다. 이 획일성, 이 직원 유니폼이 없으면 그는 '현실과 접촉'하지 못하고, '비현실적인 인상'을 주게 된다. 카프카는 이런 상황 변화를 처음으로(하이데거보다 먼저) 파악한 사람이다. 어제의 우리는 다양성을, 유니폼으로부터의 탈출을, 어떤 이상, 기회, 승리로 여기기도 했으나, 내일에는 유니폼의 상실이 절대적 불행을, 인간성 바깥으로의 추방을 의미하게 될 것이다. 카프카 이후, 삶을 계산하고 계획하는 거대한 장치들 덕분에, 세계의 획일화는 엄청난 진전을 이루었다. 하지만 어떤 현상이 일반화되고 일상화되고 보편화되면, 더는 그것을 분간할 수 없게 된다. 획일화된 삶의 행복 속에서, 사람들은 자신이 입고 있는 유니폼을 더는 보지 못하게 된다.

Valeur_____가치

1960년대의 구조주의는 가치價値라는 문제를 괄호 속에 넣어 버렸다. 하지만 구조주의 미학의 창시자는 이렇게 말한다. "객관적인 미학적 가치를 전제할 때만이 예술의 역사적 진화에 의미를 부여할 수 있다." (얀 무카르조프스키, 『사회적 현상으로서의 미적 기능과 규범과 가치』, 프라하, 1934년) 미적 가치를 묻는 것은, 어떤 작품이 인간 세계에 던져주는 발견, 혁신, 새로운 빛을 식별하고 그것에 이름을 붙이려고 하는 걸 의미한다. 오직 가치로 인정된 작품(그 새로움이 파악되고 명명된 작품)만이 사실들의 단순한 연속이 아니라 가치들의 추구인 "예술의 역사적 진화"에 속할 수 있다. 어떤 작품(특정 역사적 시기나, 특정 문화의)에 대해, 가치의 문제를 제쳐 두고 설명(주제론적, 사회학적, 형식주의적)만으로 만족한다면, 모든 문화와 문화 활동(바흐와 록, 만화와 프루스트)을 동등하게 취급한다면, 예술 비평(가치에 대한 사색)이 더는 의사 표현의 장을 찾지 못한다면, "예술의 역사적 진화"는 그 의미가 흐려져 붕괴할 것이요, 부조리한 하나의 거대한 작품 창고 같은 것이 되어 버릴 것이다.

Vie(avec le V en majuscule)_____삶(대문자 V로 시작하는)

초현실주의자들의 팸플릿 「시체」에서, 폴 엘뤼아르는 아나톨 프랑스의 유해에 이렇게 호통을 친다. "시체여, 당신 같은 이들을 우리는 좋아하지 않는다……." 등등. 그렇게 관을 발로 걷어찬 뒤, 그 발길질을 이렇게 정당화한다. "이제 더는 흐르는 눈물 없이 상상할 수 없는 것, 삶Vie, 그것은 지금도 여전히 오직 보드라움만이 버팀목이 되어 주는 작고 하찮은 것들에 나타난다. 회의주의, 아이러니, 비겁함, 프랑스, 프랑스 정신이란 게 다 뭐란 말인가? 망각의 거대한 숨결이 이 모두로부터 멀리 떨어진 곳으로 나를 데리고 간다. 어쩌면 나는 이제껏 삶을 불명예스럽게 하는 건 아무것도 읽은 적이 없고 본 적도 없는 걸까?" 회의주의와 아이러니에 맞서, 작고 하찮은 것들, 눈에 맺힌 눈물, 보드라움, 그리고 삶의 명예를 내세웠다! 그런 진부하기 짝이 없는 키치의 이름으로 관을 발로 걷어찬 것이다!

Vieillesse_____늙음

"노학자는 떠들썩한 젊은이들을 지켜보다가 이 홀에서 자유의 특권을 누리는 자가 자기뿐임을 문득 깨닫는다. 나이가 많아서다. 인간은 나이가 들었을 때만 무리의 견해를, 대중과 미래의 견해를 무시할 수 있다. 그는 자신의 임박한 죽음과 함께 혼자 있으며, 죽음은 눈도 귀도 없어서, 그의 환심을 사야 할 필요가 없다. 그는 자신이 하고 싶고 말하고 싶은 걸 하고 말할 수 있다."(『삶은 다른 곳에』) 렘브란트와 피카소가 그랬다. 브루크너와 야나체크도 마찬가지다.

Vulgarité_____저속함
1965년에, 나는 훌륭한 체코 철학자인 한 친구에게 『농담』의 원고를 보여 주었다. 그는 나를 저속하다고, 헬레나의 인간적 존엄을 모욕했다고 격렬하게 비난했다. 하지만 삶의 필요 불가결한 차원인 이 저속함을 어떻게 회피할 수 있단 말인가? 저속함의 영역은 아래, 즉 몸과 생리적 욕구들이 지배하는 곳에 있다. 저속함이란, 영혼이 아래 영역에 굴욕적으로 복종하는 걸 가리킨다. 소설이 저속함이라는 이 거대한 주제를 처음으로 파악한 건 조이스의 『율리시스』에서다.

프라하, 사라져 가는 시

프라하, 사라져 가는 시

1

프라하, 서구 운명의 비극적이고 고통스러운 중심인 프라하가 자신이 한 번도 속한 적이 없는 동유럽의 안개 속으로 서서히 사라져 가고 있다. 라인강 동쪽 최초의 대학 도시이자, 15세기에는 최초의 유럽 대혁명의 무대였고,* 종교 개혁의 요람이었으며, 30년 전쟁을 촉발한 도시이자 바로크와 그 광기의 수도였던 곳, 1968년에는 동토에서 수입된 사회주의를 헛되이 서구화하려 했던 곳이기도 하다.

아틀란티스의 이미지가 나의 뇌리에 떠오른다. 이 도시가 이토록 멀고 이토록 알아볼 수 없게 느껴지는 건

---

* 루터의 종교 개혁(1517)보다 백 년 앞서 교황권과 맞선 최초의 조직적 반란인 후스(Jan Hus, 1369~1415) 혁명을 가리킨다.

그리 오래잖은 지난날의 그 정치적 합병 때문만은 아니다. 체코의 언어, 외국인의 접근을 불허하는 체코어가 아주 오래전부터 프라하와 다른 유럽 사이에 불투명한 유리창처럼 가로놓여 있다.

지금껏 사람들이 보헤미아의 경계 바깥에서 내 나라에 관해 알게 된 건 모두 간접적으로 얻은 지식이다. 내 나라의 역사는 독일 자료를 바탕으로 서술되었다. 사람들은 안토닌 드보르자크와 레오시 야나체크의 작품을, 그들이 주고받은 편지, 그들의 이론적 저작, 그들이 속했던 환경을 모르는 채 해설했다. 지금도 여전히 사람들은 체코 문화를 전혀 모르는 채 프라하와 카프카의 관계를 살핀다. '프라하의 봄'에 대하여, 당시의 신문이나 잡지를 알지 못하는 채 화려한 사변을 늘어놓는다. 전 세계로 확산한 구조주의의 대물결은 프라하에서 비롯되었지만, 지금도 사람들은 이 학파 창시자의 작품, 프라하 사람 얀 무카르조프스키의 작품을 모르고 있다. 체코어로 쓰였기 때문이다.

종종 나는 널리 알려진 유럽 문화가 알려지지 않은 다른 문화, 괴상한 언어를 쓰는 소국小國들의 문화, 폴란드, 체코, 카탈루냐, 덴마크 사람들의 문화를 속에 감추고 있다는 생각이 든다. 사람들은 소국은 당연히 대국을 모방하리라고 가정한다. 그것은 환상이다. 그것들은 서로 아주 다르기도 하다. 소국의 관점은 대국의 관점이 아니다. 소국들의 유럽은 **다른 유럽**이며, 다른 시선을 가지며, 그 사상은 종종 대국들의 유럽과 완전한 대위對位를 이루기도 한다.

2

    정오에 울긋불긋한 파라솔 아래에 앉았다
    발아래에 프라하가 펼쳐진다
    상상 속의 마법 걸린 도시처럼 프라하가 보인다
    변덕스러운 건설자들의 꿈처럼 프라하가 보인다
    왕좌처럼 마법이 거주하는 도시처럼 프라하가 보인다
    흥분한 미치광이가 돌로 빚은 화산성火山城처럼
    프라하가 보인다

                        비테즈슬라프 네즈발,
                    「비의 손길에 붙들린 프라하」

유럽 문화의 여러 시기를 합리주의 정신이 두드러진 시기들과 비합리적인 것에서 영감을 받은 시기들로 구분한다면, 프라하의 역사를 지배한 것은 후자, 즉 고딕과 후기 르네상스의 매너리즘, 그리고 특히 바로크 같은 시기들이라고 할 수 있다.

르네상스 말기, 루돌프 2세 황제의 궁정은 유럽의 비학秘學과 환상 예술의 중심지였다. 바로 이 시기에, 점성술가이자 천문학자였던 케플러, 16세기의 살바도르 달리였던 아르침볼도, 전해오는 말에 의하면 최초의 인공인간, 로봇, 즉 골렘을 창조했다는 위대한 유대인 인본주의자 랍비 뢰브 등이 모두 프라하에서 활동했다.

루돌프 시대를 중단시킨 30년 전쟁은 가톨릭으로의 재개종과 강요된 독일화 과정을 통해 체코 민족이 하마터면 소멸할 뻔했던 재앙이었다. 개신교 슬라브 국가를 가톨릭 독일 국가로 탈바꿈시키기 위한 거대한 세뇌 작업이 이루어진 건 바로크 예술의 최면 아래에서였다. 표현적이고 극적인 그 모든 조각상, 고혹적이고 극성스러운 그 모든 교회, 그것들은 '악의 꽃', 말하자면 억압의 결실이다. (아름다움과 악의 이러한 결탁은 매우 프라하적인 경험으로, 우리는 모두 어렸을 때부터 그것을 배웠다.)

바로크 시기는 건축과 음악의 아름다움을 꽃피우기만 했던 게 아니라, 자유로운 사상, 문학, 소설, 철학을 질식시키기도 하여, 그런 것들이 거기서는 두 세기(16세기와 17세기) 동안이나 사실상 존재하지 않았다. 합리적인 것과 사실적인 것의 부재不在가 전설, 동화, 열광, 병적 상상력 등, 불합리한 것과 환상적인 것의 비대화로 벌충되었다. 이 도시와 이 나라의 문학 전체에(체코 문학은 물론 독일 문학에서도) 놀라운 불균형이 탄생한 때가 바로 이 시기다. 이후 거기에서는 언제나 마법이 현실보다 터무니없이 더 큰 자리를 차지하게 된다. 그래서 앙드레 브르통도 네즈발의 시를 근거로 들어, 프라하를 "유럽의 마법 수도"라고 부르게 된다.

프란츠 카프카가 프라하 거리에서 만날 수 있었던 전前 세대의 비중 있는 독일 작가는 단 한 사람, 환상적인 이야기들을 쓴 구스타프 마이링크뿐이었다. 1902년 마이링크는 주간지 《짐플리치시무스》에 자신의 첫 단편 소설 「뜨거운 병사」를 발표한다. 몸에 갑자기 열이 나, 70도까지, 80도까지 자꾸만 올라가 주변의 모든 게 불타기 시작하자 모두가 그를 피해 달아난다는 어느 군인 이야기다. 설명할 수도 없고 근거도 없는, 괴물로 변해 버린 한 남자의 변신 이야기다. 그로부터 십 년 후, 프란츠 카프카는 자신의 유명한 첫 단편 소설, 역시 설명할 수도 없고 근거도 없이, 갑자기 벌레로 변하는 그레고르 잠자 이야기를 쓰게 된다.

그러므로 카프카의 이 작품은 프라하의 마법 유산을 보존함과 동시에 뛰어넘었다고 할 수 있다. 그의 위대한 혁신은 소설에 환상적인 상상력을 투입했다는 데 있지 않다. 그런 점에서는 마법 수도의 전통에 전적으로 충실했을 뿐이다. 그가 근본적으로 뛰어넘어 버린 것(그리하여 자신의 「변신」을 마이링크의 변신과 근본적으로 차별화한 것), 그것은 그가 환상을 현실로(세세하게 관찰한 현실만이 아니라 그의 사회적 통찰이 담긴 현실로) 채웠다는 데 있으며, 그래서 그의 몽환적 상상력은 낭만주의에서 보는 꿈으로의 도피나 순수한 주관성이 아니라, 실제 삶을 파고들고, 그 가면을 벗기고, 그것을 불시에 덮치는 수단이 된다.

그러므로 그는 꿈과 현실의 연금술적 융합을 처음으로 실현한(초현실주의자들이 이를 요구하고 나서기 전에), 그리하여 현실이 환상처럼 나타나고, 환상이 현실의 가면을 벗기는 그런 자율적 세계를 창조한 최초의 소설가다. 이 연금술의 발견, 현대 예술은 바로 그것을 프란츠 카프카가 물려준 프라하 유산에 빚지고 있다.

3

 야로슬라프 하셰크는 카프카와 같은 해에 태어나 일 년 일찍 사망했다. 두 사람 모두 고향 프라하에 대한 마음이 각별했으며, 전해오는 말에 따르면 같은 체코 아나키스트 모임에서 만나 서로 알게 되었다고 한다.
 천성이 이들보다 서로 반대되는 두 작가를 찾기도 어려울 것이다. 카프카는 채식주의자였고, 하셰크는 술꾼이었다. 한 사람은 행실이 조심스러워 눈에 잘 띄지 않았으나, 다른 한 사람은 괴짜였다. 전자의 작품은 어렵고 암호화되고 난해한 작품으로 여겨지고, 다른 한 사람의 작품은 큰 대중적 인기를 누리지만 소위 진지한 문학에서 배제되었다.
 이렇듯 겉보기에는 서로 너무나 다르지만, 두 예술가는 같은 사회, 같은 시대, 같은 풍토의 자식들로서, 둘 다 같은 것에 관해 이야기한다. 관료화된(카프카의 경우)

혹은 군사화된(하셰크의 경우) 거대 메커니즘으로 변해 버린 사회와 대면한 인간의 이야기를 하는 것이다. 카프카의 K.는 법정과 성城에, 하셰크의 슈베이크는 오스트리아-헝가리군의 전체주의에 직면해 있다.

거의 같은 시기인 1920년에, 또 다른 프라하 작가 카렐 차페크가 희곡 『R. U. R.』에서 로봇 이야기를 들려준다. (나중에 국제어가 된 '로봇'이라는 체코 신조어는 이 작품에서 처음 등장한다.) 인간이 만든 로봇이 인간과 싸우기 시작한다. 무감각과 철저한 규율 감각으로 무장한 로봇들은 결국 인간을 제거하고 지상에 질서의 제국을 건설한다. 환상적인 전체주의의 물결에 휩쓸려 사라지는 이 인간 세계의 소멸 이미지는 차페크의 여러 작품에 걸쳐 하나의 강박관념처럼, 악몽처럼 나타난다.

1914년 세계 대전 직후, 유럽 문학이 미래에 대한 찬란한 비전과 혁명의 종말론에 매혹되는 경향을 보일 때, 이들 프라하 출신 작가들은 진보의 숨겨진 얼굴, 위협적이고 병적인 그 검은 얼굴을 누구보다도 먼저 꿰뚫어 보았다.

이들은 모두 자신들의 나라를 가장 잘 대표하는 작가들인 만큼, 그들의 작품에서 우리는 우연이 아니라 모두에게 공통된 하나의 특별한 시선을 확인할 수 있다. 그렇다, 언제나 사건의 주체라기보다 대상이었던 소국들과 소수파들인 이 **다른 유럽**이 가진 환상 없는 시선이 그것이다. 여러 민족들에 둘러싸여 고뇌에 찬 고독을 경험한 유대인 소수파의 시선(카프카), 그 정치와 전쟁이 자신들과는 전혀 무관한 오스트리아 제국에 병합된 체코 소수파의 시선(하셰크), 자신들에겐 의견조차 묻지 않고 다음 재앙을 향해 달려가는 유럽 강대국들 한가운데서 소수파로 남은 신생 체코 국가의 시선(차페크) 등.

하셰크가 『용감한 병사 슈베이크』에서 그랬듯 **전쟁**을 주제로 하여 **코믹한** 장편 소설을 쓴다는 것, 이는 프랑스나 러시아에서는 상상하기 어려운 하나의 스캔들이다. 그것은 코믹에 대한 특별한 개념(그 무엇에도 굴하지 않는, 어디에서나 진지함의 권위를 실추시키는)과 독특한 세계관을 전제로 한다. 유대인이나 체코인에게는 자신을 '역사'와 동일시하려는 경향, 역사의 스펙터클에서 진지함과 의미를 찾으려는 경향이 없었다. 아주 오랜 경험을 통해 그들은 이 '여신'을 숭배한다거나 그 지혜를 찬양하지 않는 법을 터득했다. 그래서, 희망의 선동질에 잘 속아 넘어가지 않게 된 이 소국들의 유럽은 언제든 영광스러운 역사적 사명에 취할 태세에 있는 대국들의 유럽보다 더 명철한 미래상을 품고 있었다.

4

카프카와 하셰크의 책을 불멸의 책으로 만드는 것, 그것은 전체주의 기계에 대한 묘사가 아니라, 이 기계 앞에서 인간이 취할 수 있는 두 가지 기본 가능성의 화신化身들인 K.와 슈베이크라는 두 명의 위대한 요제프다.

요제프 K.의 태도는 어떠한가? 그는 칼뱅의 신의 의지처럼 불투명하기만 한 법정에 어떻게든 뚫고 들어가, 그것을 이해하고자 하고 또한 자신을 이해시키고자 한다. 그래서 그는 **열성 피고인**이 된다. 아무도 그에게 소환 시간을 명시해 주지 않았는데도 제때 도착하려고 취조실로 달려가는 것이다. 두 명의 사형 집행관이 그를 처형장으로 데려갈 때는 시 경찰들의 시선으로부터 그들을 보호해 주기까지 한다. 그에게 법정은 더는 적이 아니라, 그가 좇는 닿을 수 없는 진실이 된다. 그는 미친 세상에 의미를 부여하고자 하나, 그런 노력 때문에 목숨을 잃는다.

슈베이크의 태도는 어떠한가? 세르비아의 침공으로 1차 세계 대전이 발발하자, 요제프 슈베이크는 몸이 아주 건강한데도 휠체어에 몸을 맡긴 채 프라하 시내를 가로질러 징병 심의회를 찾아간다. 빌린 목발 두 개를 치켜들고서, 전사의 열정에 찬 목소리로 "세르비아로! 베오그라드로!" 하고 외친다. 그런 그를 보며 프라하 시민 모두가 재미있어하며 웃지만, 당국은 슈베이크에 대해 아무것도 할 수 없다. 그는 자기 주변 세상의 몸짓을 완벽하게 흉내 내고, 구호를 되풀이하고, 여러 기념식에도 참여한다. 하지만 그것들을 전혀 진지하지 않게 여김으로써, 그 모든 걸 하나의 거대한 농담으로 만들어 버린다.

주둔지의 수감收監 병사들도 참여하는 군대 미사에서, 늘 술에 취해 사는 군종 신부 카츠가 병사들의 죄를 비난하는 장황한 설교를 늘어놓는다. 긴 팬티 차림의 슈베이크가 큰 소리로 훌쩍이기 시작한다. 친구들을 웃기기 위해 신부의 말에 감동한 척하는 것이다. 전쟁 중인 군대가 모든 것을 통제하는 상황에서도 슈베이크의 내면이 본래대로 온전히 보존되는 건 진지하지 않음의 정신 덕분이다. 슈베이크가 미친 세상에서 살며 살아남을 수 있는 건, 다른 요제프와는 반대로, 그런 세상에서 어떤 의미를 찾으려고 하지 않기 때문이다.

프라하의 허구와 현실을 연결하는 연속성을 보는 건 매혹적인 일이다. 상상 속의 두 거물 슈베이크와 K.가 실제 삶 자체와 혼동되는 것 말이다. 사실, 카프카의 소설들은 공공 도서관에서 사라져 버렸지만, 오늘날의 프라하는 그의 작품을 끊임없이 무대에 올리고 있다. 그래서 그의 소설은 모르는 이가 없을 만큼 널리 알려졌고, 대중성을 의도한 하셰크의 작품 못지않게 프라하 사람들의 일상적인 대화에 오르내린다.

사람들은 1951년의 유명한 슬란스키 재판*이 진행되는 동안에는 물론 그 이후에도 수많은 요제프 K.를 보았다. 당시에는 모든 수준에서 이런 종류의 재판이 수없이 행해졌다. 유죄 판결, 파면, 징계, 박해 등, 이 모든 게 죄의식에 시달리는 희생자들의 끊임없는 자아비판과 함

---

* 체코슬로바키아 공산당 총서기였던 루돌프 슬란스키(Rudolf Slánský, 1901~1952)를 위시로 한 당의 고위층 11명이 '시온 제국'을 세우고자 음모를 꾸몄다는 누명을 뒤집어쓰고 사형당한 사건을 가리킨다. 당시 기소된 14명 중 11명이 유대계였기 때문에 반유대주의 재판으로도 평가받는다.

께였다. 그들은 어떻게든 법원을 이해하고자 했고 법원에 자신을 이해시키고자 했으며, 자신을 으스러뜨리는 터무니없는 기계의 움직임에서 뭔가 이해할 만한 어떤 의미를 찾으려고 마지막 순간까지 애를 썼다. **열성 피고인들**로서, 그들은 자신을 처형하는 사형 집행인들을 도울 준비가 되어 있었고, 사형대 아래에서조차도 "당 만세!"를 외쳤다. (그들은 이 기괴한 헌신을 도덕적 위대함으로 여겼으며, 시인 라코 노보메스키는 감옥에서 출소한 후 이 같은 충성심을 찬양하는 일련의 시를 지었다. 프라하 사람들은 그 시들에 "요제프 K.의 감사"라는 별칭을 붙였다.)

슈베이크의 유령도 그에 못지않게 프라하의 거리를 배회한다. 1968년, 러시아의 침공이 있은 지 얼마 지나지 않았을 때, 나는 어느 대규모 학생 집회에 참석했다. 학생들은 러시아가 임명한 새로운 당 지도자 후사크를 기다리고 있었다. 그가 그들에게 연설하기로 되어 있었다. 하지만 그는 입도 벙긋할 수 없었다. 모두가 박자에 맞춰 "후사크 만세! 당 만세!"를 외치기 시작했기 때문이다. 그것이 5분, 10분, 15분간 지속되자, 후사크는 얼굴이 점점 더 시뻘겋게 되어선 그냥 자리를 뜰 수밖에 없었다. 학생들에게, 이 잊을 수 없는 갈채를 보내도록 제안

한 이는 분명 슈베이크의 망령일 것이다.

나는 이 두 가지 "당 만세"(죄수들이 사형대 아래에서 외친 구호와 학생들이 후사크에게 외친 구호)를, 전체주의 권력에 대해 취할 수 있는 두 가지 한계 태도로 여긴다. 프라하의 문학은 그것들을 삼십 년 전에 명백히 규정했다.

5

프란츠 카프카는 일기에 "이제 심리학은 그만!"이라고 적었다. 야로슬라프 하셰크도 그런 말을 적고도 남았을 사람이다. 그의 슈베이크를 보라. 바보처럼 행동하며 어떤 상황에서든 지각없는 말을 서슴없이 내뱉는 그는 누구인가? 그가 정말로 생각하는 건 무엇인가? 그가 느끼는 것은 무엇인가? 그의 그 설명할 수 없는 행동의 동기는 무엇인가? 슈베이크라는 인물이 만들어진 그 독특하고 파격적인 방식이 일견 쉬워 보이는 이 소설의 대중적 성격에 가려져서는 안 될 것이다.

프라하 작가들의 이러한 반심리적 태도는, 소설에

서 내면적 성찰을 배제하고 행동과 사건을 중시하면서, 시각적이고 유형적有形的인 측면을 통해 외부에서 세계를 파악하고자 한 미국 소설가들의 널리 알려진 예보다 십 년 또는 이십 년 앞선다. 프라하의 신조는 그들과는 본질적으로 좀 다르다. 그 본질은 남성적인 행동이나 외부 묘사에 대한 사랑이 아니라, 인간을 이해하는 다른 방식에 있다.

인간을 바라보는 이 새로운 시각은 한 가지 놀라운 정황 속에 반영되어 나타난다. 즉 **두 요제프 모두 과거가 없다**는 것 말이다. 아닌 게 아니라, 그들은 어떤 가정 출신인가? 그들의 어린 시절은 어떠했는가?

그들은 아버지를, 어머니를 사랑했는가? 그들의 삶의 도정은 어땠는가? 이에 대해 우리는 아무것도 알지 못하며, 이 '아무것도'에 과거와의 단절이 있다. 왜냐하면 이전까지는 소설가가 다른 무엇보다 열정을 쏟은 것이 바로 심리적 동기를 찾는 것, 즉 과거를 현재 행위와 결합하는 그 은밀한 관계를 재구성하는 것, 영혼의 눈부신 무한을 감추고 있는 그 '잃어버린 시간'을 추적하는 것이었기 때문이다.

카프카도 내면 성찰을 하지 않는 건 아니다. 그러

나 장에서 장으로 아무리 우리가 K.의 추론을 따라가 보아도, 우리의 경탄을 자아내는 건 영혼의 풍요로움이 아니다. K.의 추론은 그를 완전히 빨아들이는 권위적이고 전제적인 상황에 엄격히 제한되어 있다. 프라하 작가들의 소설은 인간의 영혼 속에 어떤 보물이 숨겨져 있는지 묻지 않는다. 세계가 되어 버린 덫, 그 덫에 걸린 인간의 존재 가능성을 묻는다. 스포트라이트가 단 하나의 상황과 그 상황에 직면한 인간에게 집중된다. 끝까지 탐구되어야 할 '무한'이 있는 곳은 바로 그 단 하나의 태도 속이다.

프라하에서 카프카와 하셰크가 "이제 심리학은 그만"이라고 외치며 소설의 다른 미학을 개시한 것은 마르셀 프루스트와 제임스 조이스가 내적 성찰의 기법에서 발휘할 수 있는 재능의 한계에 도달했던 바로 그 시기다. 그로부터 이삼십 년이 지나서 사르트르는 **캐릭터**가 아니라 **상황**, 즉 "인간 삶의 모든 기본적 상황"에 집중하겠다는 자신의 의도를 밝히며, 그것들의 형이상학을 파악하는 일에 나서게 된다. 2차 세계 대전 이후의 이러한 미학적 분위기 속에서, 프라하 소설가들의 경향은 좀 더 친숙한 것이 된다. 하지만 우리가 이러한 방향 전환의 원초적 의미를 통찰할 수 있는 건 그들의 작품 안에서다. **외적** 결정이 점점 더 인간을 사로잡아 버리는 세계에서 **내적** 동기는 별로 중요치 않다는 것 말이다.

따라서 심리 소설의 관습을 거부하는 소설의 이 새로운 방향은 역사적으로 전체주의적인 세계에 대한 예감과 연관되어 있다. 이는 많은 의미를 함축하는 우연의 일치다.

6

유명한 카프카 전기를 쓴 클라우스 바겐바흐는 체코어도 모르면서, 즉 자신이 말하는 내용을 잘 알지도 못하면서, 프라하와 그 문화를 책에서 장황하게 살핀다. 그가 프라하를 세상으로부터 고립된 곳, 위대한 고독자의 작품이 길 잃은 운석처럼 떨어진, 시대에 좀 뒤진 한 지방 도시쯤으로만 여기는 이유는 그렇게 이해될 수 있다.

당시 프라하는 결코 지방의 한 도시가 아니었다. 무엇보다도 우선, 이제 막 국가의 재생을 경험한, 활기차고 야심만만한 체코 국민들의 수도였다는 점에서 그렇다.

그다음으로는, 독일의 일방적인 영향력에 맞서 자신을 지키던 체코인들의 국제적 지향이 친프랑스, 친영국, 친러시아 등 매우 세계주의적이었다는 점에서 그렇다. 체코 국민은 특히 (예술 분야에서) 친프랑스적이었다.

마지막으로는, 이 역동적인 모더니스트 체코 문화가 소수파 독일 문화와 경쟁적이고 유익한 관계를 맺으며 동거하고 있었다는 점에서 그렇다.

그렇다, 거기에는 체코 다수파의 프라하가 있었고 (세기 초에 주민 45만 명), 독일 소수파의 프라하가 있었다(대부분이 부르주아와 지식인인 주민 3만 3천 명). 거기에 또 **통합** 프라하가 있었는데, 이중 언어를 구사하는 카프카는 바로 이 프라하에서 살았다. 그만이 아니라 막스 브로트, 프란츠 베르펠, 에곤 에르빈 키쉬, 오스카 바움 같은 유대인 작가들, 체코인과 독일인 간의 민족적 분쟁을 초월하여 두 민족의 전통에서 영감을 길어내고 그 둘을 통합할 줄 알았던 그의 친구들 모두가 그랬다.

카프카는 1911년의 일기에서, 막스 브로트의 초상화 연작을 막 끝낸 화가 빌리 노바크와 만난 일을 이야기한다. 우리가 익히 아는 피카소의 방식대로, 첫 번째 데생은 실물에 충실했으나 다른 데생들은 모델에서 점점 멀어지다가 결국 간결한 추상에 이르는 연작이다. 바로 그것이 입체파 회화에 대한 카프카의 첫 경험(마지막이 아니라)이었다. 이 일기에 드러난 현대 예술에 대한 그의 관심과 이해는, 그가 애정 어린 아이러니를 담아 전하는, 당혹스러워하는 브로트의 모습과 재미난 대조를 이룬다.

사람들은 카프카가 체코 아나키스트들과 관계가 있었을 거라는 추측은 끝없이 늘어놓으나(둘의 관계는 한 번도 입증된 적이 없다.) 훨씬 더 분명하고 중요한 접촉, 그가 체코 현대 예술과 맺은 관계는 잊고 있다.

세기 초부터 체코의 프라하는 현대 예술의 모험에 열정적으로 동참한다. 프라하와 파리의 관계가 매우 긴밀해진 때가 바로 이 시기다. 체코인 알폰스 무하와 프란티세크 쿠프카가 프랑스 회화에 깊은 영향을 미쳤고, 파리 입체파의 자극에 전쟁 전에 프라하만큼 풍부하고 독창적인 반응을 보인 곳은 없었다.

막스 브로트는 카프카와 자기 주변의 유대인 작가 그룹을 **데어 프라거 크라이스**Der Prager Kreis, 즉 '프라하 서클'이라고 불렀다. 1925년부터는 또 다른 프라하 서클이 사람들 입에 오르내리기 시작한다. '구조주의'라는 말을 만들고 자신을 '구조주의자'라고 선언한 언어학자와 미학자 들(빌렘 마테시우스, 얀 무카르조프스키, 로만 야콥슨 등)의 서클 말이다. 로만 야콥슨은 전쟁이 발발하기 전에 프라하를 떠나 미국으로 건너가고, 구조주의는 향후 수십 년간 지배적인 사유 방식으로 자리 잡게 된다.

    이 모든 건 우연이 아니다. 프라하는 현대적 감수성과 사상의 가장 역동적인 중심 중 하나였다.

7

    프라하가 구조주의의 요람이자 최초의 대도시가 될 운명이었던 데는 여러 가지 이유가 있었다. 우선 이 신생 공화국과 대통령 마사리크의 도덕적 권위를 들 수 있다. 마사리크는 유럽 전역에서 존경받는 위대한 민주주의자이자, 구조주의 언어학에도 영향을 미친 인상적인 철학 저작의 저자이기도 했다. 그리고 외국의 자극에 예민하게 반응하는, 세계주의적인 그 개방적 분위기도 한몫했다. 그런 분위기가 체코, 독일, 러시아, 폴란드의 언어학자들을 하나로 묶어 같은 탐구에 매달리게 했다. 또한 형식주의 미학에 대한 체코의 토착 전통(19세기 말의 '프라하 미학파')과 뜨거운 언어학적 탐구열(마사리크의 제자인 빌렘 마테시우스를 중심으로 전쟁 전에 집중된)도 들 수 있고, 마지막으로는 (다른 무엇보다도) 체코의 역동적 아방가르드를 꼽을 수 있는데, 이들의 가장 친한 친구이자 동맹군이 바로 구조주의자들이었다.

체코 구조주의자들의 작업을 특징짓는 요소는 구체적인 분석에 대한 선호, 넓은 시야(현대 시에서부터 중세 문헌까지, 차페크의 산문에서부터 민속학 및 민족학적 연구까지 아우르는), 명료성에 대한 애정, 본질을 공략하고자 하는 야망 등이다. 그들에게서는 구조주의의 후기 단계들을 우스꽝스럽게 장식한 겉멋이라든가 독단주의의 면모를 전혀 찾아볼 수 없었다.

구조주의 이론과 전후 모더니즘의 결합은 유례없는 독특한 현상이었다. 모더니즘 운동에 수반되는 미학 이론들은 으레 변론적인 성격을 띠었다. 프라하의 구조주의는 그런 경우가 아니었다. 이곳의 구조주의를 아방가르드와 결합한 것은 좀 더 일반적인 목표, 즉 **예술의 특수성을 파악하고 옹호하는 것**이었다.

만약 어떤 소설(또는 시, 영화)이 형식 안에 담긴 내용에 불과하다면, 그것은 변장한 하나의 이념적 메시지에 지나지 않는다. 즉 그 미학적 특성이 무너져 버린다. 어떤 소설을 이념적으로 읽는 것(어디에서나 우리는 끊임없이 그렇게 읽으라는 제안을 받는다.)은 현실 자체를 이념으로 환원하는 것만큼 단순하고, 미련스럽고, 밋밋한 짓이다. 우리가 예술의 특수성을 고집하는 건 현실에서 달아나기 위해서가 아니다. 정반대로, 그것은 나무 속의 나무를, 그림 속의 그림을 보고자 하는 의지요, 인간과 예술을 훼손하는 **환원적 힘들**에 대한 저항이다.

프라하 구조주의자들은 예술 작품을 모든 게 내용인 동시에 형식인 하나의 유기체, 그 무엇도 다른 언어(이념적 설명의 언어)로 환원될 수 없는 하나의 유기체로 이해함으로써 인간 자체의 환원 불가능성을 옹호했다. 마치 카프카, 차페크, 그 밖에 또 다른 작가들이 느낀 불안, 그들이 미래의 저 깊은 곳으로부터 가차 없이 다가드는 그 환원적 힘들 앞에서 느낀 불안(너무나 프라하적인)을 그들과 공유하기라도 한 듯이 말이다.

8

　프랑스 초현실주의는 종종 서구의 합리주의 정신, 데카르트적 냉철함에 대한 반항으로 설명되곤 한다. 한데 묘하게도 합리성에 대한 이 반항은 곧바로 이론적 선언의 합리성으로 변해, 프랑스인의 기억에 초현실주의 예술의 매혹적인 비합리성보다 더 깊은 흔적을 남겼다.

　체코 초현실주의는 존재하지도 않은 체코 데카르트주의에 반항할 이유가 없었다. 그것은 오히려 프라하 예술 전통의 유기적인 도달점이었으며, 본래의 그 환상적이고 비합리적인 특수성을 공고히 해주는 것이었다.

　체코 문화의 역사 속에 뿌리를 내린 덕분에, 소위 체코 초현실주의로 불리던 것(사실은 토착적 아방가르드의 흐름, 특히 '시 운동poètisme'의 연장선에 불과했던 것)은 프랑스 초현실주의가 프랑스 문화에 끼친 영향력과는 비교할 수 없을 만큼 큰 영향력을 체코 문학 전체에 끼쳤다. 현대 체코 문화의 거의 모든 위대한 인물들에게서는 초현실주의적인 매혹과 상상력과 경향이 두드러지게 나타난다. 체코 대중조차도, 비교적 광범위한 계층에서, 이런 종류의 아름다움에 이례적으로 민감하다.

내가 체코 초현실주의의 거장 비테즈슬라프 네즈발의 시를 처음 들은 것은 열 살 소년 시절 모라비아의 한 마을에서 여름을 보내던 때였다. 당시 방학을 맞아 농부인 아버지들 집으로 돌아온 학생들은 홀린 듯이 그의 시를 읊조렸다. 저녁나절에 밀밭 사이로 산책하면서, 그들은 내게 『복수형 여인』의 모든 시를 가르쳐 주었다.

체코 사회에는 귀족과 상류 부르주아가 없었기 때문에 프라하의 아방가르드는 소박한 사람들, 노동과 자연의 세계에 더 가까웠다. 이런 상황은 네즈발의 상상력에도 영향을 미쳤다. 내 추억 속의 네즈발은 얼굴이 붉고 늘 흥분된 모습이다. 그가 거듭 외치던 **구체적**이라는 형용사가 지금도 내 귓가에 울리고 있는데, 그에게 이 형용사는 현대적 상상력의 실질적 특질을 나타내는 것이었다. 그는 상상력이 가능한 한 지각과 실제 경험과 추억으로 무거워지기를 바랐다.

"순결의 상징인 백합보다는, 어린 시절 어느 날 아침, 숨바꼭질하다가 부러뜨린 백합이 나는 더 좋다." 또 언젠가는, "어떤 뛰어난 인물이, 시에서 그저 알레고리들을 찾느라 현대 시를 전혀 이해하지 못하게 되는 걸 보면 놀랍다."라고 말하기도 했다. 그는 그림이나 시를 애써 의미의 단조로움으로, 메시지의 빈곤함으로 축소하려고만 드는 '예술의 관념론자들'을 몹시도 싫어했다. 1930년대에 다른 체코 초현실주의자들과 함께 카프카를 발견하고 받아들인 그는 『성』에서 우리 시대의 구체적인 부조리를 인식하는 대신 은총이라든가 지옥 또는 신만 보는 사람들을 조롱했다.

상상력의 마법을 삶의 대체물이 아니라 '구체성에 대한 도취'로 이해하는 것, 바로 이것이 체코 모더니즘의 심층 경향 같다. 초현실주의자인 네즈발과 그와 정반대되는 시인 블라디미르 홀란을 하나로 묶어 주는 것도 바로 이 경향이다. 홀란의 시는 종종 릴케나 발레리의 시와 비교되지만, 그러나 농부들, 하녀들, 술주정뱅이들, 범죄자들의 운명이 가득한 그의 시는 '구체성의 무게' 아래에서 신음하며, 그런 점에서 릴케나 발레리의 시와 근본적으로 다르다.

9

체코 모더니즘의 독창적 특성, 구체성에 대한 그 탐

욕과 서민적 매력을 작곡가 레오시 야나체크의 작품보다 더 잘 밝혀 줄 수 있는 작품이 또 있을까? 그는 카프카와 함께 체코 현대 예술의 가장 위대한 인물이다. 그를 누구보다도 잘 알았던 사람은 막스 브로트다. 브로트는 카프카의 작품을 구제하고 세상에 널리 알렸을 뿐 아니라, (그만큼 많이 알려지지 않았지만) 야나체크의 작품을 위해서도 똑같은 열정을 갖고 투쟁했다. 그는 야나체크의 작곡을 분석한 훌륭한 글을 여러 편 썼고, 그의 오페라를 독일어로 번역했으며, 1924년에는 이 작곡가의 첫 전기를 출간했다. 천재적이었으되 밉보인 이 작곡가를 위한 그의 싸움이 너무도 열정적이고 중대했기에, 카프카는 그런 그의 싸움을 프랑스 지식인들이 드레퓌스를 위해 벌인 싸움과 서슴없이 비교하기도 했다.

야나체크 음악의 놀라운 점(그리고 가장 큰 약점이기도 했던 것), 그것은 어디에도 분류할 수 없는 음악이었다는 데 있다. 음악 낭만주의는 말러의 마지막 교향곡들에서, 쇤베르크의 초기 작품들에서 그 가능성의 끝에 도달한다. 젊은 세대가 음악을 영혼의 거울로, 고백과 표현으로 이해했던 한 시대 전체를 음악 낭만주의와 함께 떠들썩하게 매장해 버린다. 그런 중차대한 순간에, 야나체크는 음악의 현 상태에서 다른 진화 가능성을 찾아냈다. 그 외에는 다른 누구도 그것을 보지 못했다. 그리고 그는 홀로 그 길을 좇았다.

야나체크도 낭만주의 음악을 반대하지만, 그의 공박은 정반대 의미를 나타낸다. 그는 영혼과 그 상태를 표현하려 했다고 비난하는 게 아니라, 그런 시도에 실패했다고, 속임수를 썼다고 비난한다. 감정의 적나라함을 발견한 게 아니라, 클리셰, 제스처, 포즈 들을 제안했다고 말이다. 그래서 그는 진실의 그런 가면들을 벗겨내고자 한다. 표현으로서의 음악을 거부하는 게 아니라, 오히려 순수하고 적나라한 표현이 아닌 모든 음을 제거하고자 한다. 그렇게 해서 그는 전례 없는 표현력과 경제성을 갖춘 음악적 구조에 도달한다.

한데 감정의 진실을 얘기한다는 건 어떤 무의미한 클리셰를 되풀이하는 것이 아닐까? 아니다. 메시앙 이전에, 바레즈 이전에 이미 야나체크는 '구체성의 음악', 새 소리 등 자연의 소리에 사로잡혀 있었으며, 특히 (이 분야에서 그는 승계자 없이 유일무이한 음악가로 남는데) 구어口語를, 그 억양과 멜로디와 난해한 리듬을 연구한다. 거리에서, 시장에서, 역驛의 군중 속에서, 그는 떠도는 말의 조각들을 낚아챈다. 마치 분별없는 사진사처럼 그것들을 마구 낚아채어(그는 죽어가는 딸의 신음까지도 놓치지 않는다.) 수첩에 음정으로 옮겨 적는다. 현재 박물관에 보존 중인 그 무수한 음악 노트들은 그가 그런 연구에 얼마나 진지했는지를 증언한다. 그것은 음악적 의미론에 대한 탐구였다. 마치 멜로디 공식들의 감정 사전을 만들고 싶었던 듯, 마치 음악과 심리학 사이의 불가사의한 관계를 파악하고 싶었던 듯이 말이다.

그런 연구의 객관적 가치가 어떠하든 간에, 그것은 이 작곡가의 방향성을 잘 나타내 준다. 그는 음악으로 만들어진 음악과 단절하고서(어느 면에서는 작가가 '문학'을 부인하는 것과 유사하게), 심리학에 더 가깝고 삶과 더 밀접하게 연결된 음악 언어의 새로운 원천을 찾고자 하는 것이다. 이를 통해 그는 어떤 새로운 아름다움(새로운 소리, 새로운 유형의 멜로디, 새로운 구성)만이 아니라, 악절의 더 큰 **정확성**(심리학적 정확성)에 도달하고자 한다. 음악도 인간학에 속한다는 확고한 믿음으로 말이다.

그의 노력은 유토피아적이지도 돈키호테적이지도 않았다. 그는 생의 마지막 수십 년 동안, 50세에서 74세 사이에(분명 그는 음악사상 가장 위대한 노인이었다.) 경이로운 작품을 창작했다(오페라의 새로운 미학을 보여주는 빼어난 합창곡을 다섯 곡이나 썼는데, 그 하나하나가 다 걸작이다.).

10

야나체크는 사망하던 해에 그의 마지막(그리고 그의 가장 아름답고 가장 놀라운) 오페라, 진정한 음악적 유언 같은 작품을 썼다. 도스토옙스키의 소설이 원작인 「죽음의 집」이라는 오페라다. 어째서 그는 스토리도 플롯도 없는 이 감옥 르포르타주, 대중이 싫어할 게 분명한 이 말도 안 되는 주제를 오페라로 만들 생각을 품었을까? 작곡가의 삶과 전혀 무관한 그런 음산한 무대를?

사실 격렬하도록 현대적인 그의 음악은 19세기 감옥을 대번에 강제 수용소로 바꿔 버리고, 우리는 그보다 더 현대적일 수 없는 스펙터클에 경악을 금치 못한다. 한데 1928년이면, 평화로운 시절 아닌가? 시대의 어떤 밤이 야나체크에게 그토록 어두운 비전을 보낸 걸까?

나로선 설명하기가 어렵다. 어쨌거나 나의 조국이

금세기에 건립한 가장 기념비적인 세 예술 작품은 모두 미래의 지옥을 그린 그림들이다. 즉 카프카가 그린 관료주의적 미궁, 하셰크가 그린 어리석은 군대, 야나체크가 그린 절망적인 강제 수용소가 그 셋이다. 그렇다,『소송』(1917)과「죽음의 집」(1928) 사이에 프라하에서는 모든 것이 말해졌고, '역사'가 할 일은 허구가 이미 상상했던 것을 모방하는 것뿐이었다.

1948년의 그 유명한 프라하 쿠데타는 카프카가 말한 소송들, 하셰크가 말한 어리석음, 야나체크가 말한 감옥들을 가져오기만 한 게 아니라, 그것들을 예견했던 문화 전체를 소멸시켰다. 사람들은 당시에 일어난 일을 지금도 잘 이해하지 못한다. 천년의 서구 역사를 가진 체코슬로바키아가 돌연 동구 국가가 되어 버렸다. 서구(늘 식민 지배자의 이미지를 가진)가 피식민지로 바뀌는 현장, 서구 문화(다들 독점적이고 공격적이라고 여기는)가 자기 정체성을 잃어버리는 현장이 되어 버린 것이다. 이 '서구의 식민지화'가 지금껏 한 번도 식민지를 가져 본 적이 없는 나라에서 일어났다는 데에 역사의 부조리가 있다.

프라하 쿠데타 직후, "반反세계주의"(즉 서구 문화에

대한 반대를 의미하는) 캠페인이 대대적으로 조직되었다. 대번에 내 조국의 모든 현대적 지적 유산이 블랙리스트에 올랐다. 얀 무카르조프스키가 지적 할복을 자행自行하고 자신의 위대한 구조주의 작품을 송두리째 부인한 게 바로 이때다. 또한 바로 이때부터 블라디미르 홀란은 마치 자발적 감옥 생활을 하듯 자신의 프라하 아파트에 틀어박혀 지금까지도 나오지 않고 있다.

하지만 아직 끝장난 건 아니었다. 조국의 문화적 활력은 저항했고, 끈질김과 집단적 합의와 꾀 덕분에 조금씩 열세를 만회했다. 금지되었던 모든 것이 1960년대에 들어 다시 무대로 되돌아왔다. 그것은 진짜 전쟁이었다. 문화가 삶을 위해, 생존을 위해 벌인 전쟁이었다.

이 전쟁의 가장 큰 전투는 프란츠 카프카를 위해 싸운 전투였다. 1963년, 체코 지식인들이 보헤미아의 한 성에서 국제 강연회를 개최하여 이 저주받은 작가의 명예를 회복시킨다. 러시아의 이데올로그들은 이 불복종을 절대 잊지 않을 것이다. 1968년의 체코슬로바키아 침공을 정당화하기 위한 공식 문서에는 카프카의 복권이 반혁명의 첫 번째 신호탄이었다고 기록되어 있다.

이 주장은 말도 안 되는 것 같지만, 실은 터무니없

는 게 아니라 다분히 계시적이다. 말하자면 그것은 체코슬로바키아 침공이 '자유주의 공산주의'에 대한 '독단적 공산주의'의 승리(그 사건에 대한 일반적인 설명은 이렇다.)이기만 했던 게 아니라, 러시아 전체주의 문명에 의한 한 서구 국가의 최종 합병(장기적으로는 이 측면이 더 중대한 의미를 지닌다.)을 의미하는 것이었음을 계시해 주는 것이다. 분명 나는 정치 체제나 국가가 아니라, **문명**이라고 했다. 카프카가 모스크바의 분노를 자극한 것은 그가 반공주의자이거나 모스크바의 군사적 이익에 반대했기 때문이 아니라, 식민 지배자의 문화에 동화될 수 없는, 이질적인 다른 문화를 구현하는 작가이기 때문이다. 정치적으로는 전 세계를 향해 앞으로 나아감과 동시에, 문화적으로는 자신의 과거인 비잔틴으로 퇴행하는 다른 문화 말이다.

11

시가 사라져 가는,
불길에 휩싸인 종잇장처럼……

비테즈슬라프 네즈발,

「복수형 여인」

프라하 문화는 서구 자체만큼이나 오래되었다.

그 문화는 1910년대에서 1940년대 사이에 그 절정에 이르렀다. 피비린내 나는 휴식기를 거쳐, 60년대가 천년 역사의 마지막 메아리처럼 찾아왔다. 그때 그 문화는 자신의 어두운 꿈이 현실이 되어 버린 세상에서 깨어났다. 전체주의의 밤에 파묻혀서, 그 밤을 반영하고, 판단하고, 조롱하고, 분석하고, 그것을 자신의 지적 경험의 대상으로 가공할 줄 알았다. 그 소국의 재능이 대국의 오만을 꿰뚫었다. 그 진지하지 않음의 정신이 이념적 진지함의 공포를 부식시켰다. 그 구체성에 대한 감각이 사상 유례없는 거대한 **환원적 힘들**에 맞서 자신을 지켜냈다. 그 다중 충격에서 한 무리의 별 같은 작품들이, 연극이, 영화가, 문학이, 그 모든 사상이, 그 모든 유머가, 독특하고 대체 불가능한 그 모든 지적 경험이 탄생했다. 블라디미르 홀란도 이렇게 노래하지 않았는가.

본디오 빌라도의 아내는

오직 그리스도만이 그릴 수 있으리.

서구는 사물을 보는 정치화된 (환원적) 시각에 눈이 멀어, 이 창조적 폭발의 의미를 제때 이해하지 못했다. 그것을 그저 사회주의 체제의 활력이 그렇게 표출된 것으로 보거나(좌파의 어리석음), 공산주의 체제의 외관 뒤에 있는 것이면 어떤 것에도 가치를 부여하길 거부했기(우파의 어리석음) 때문이다. 소련의 철의 장막에 더해, 서구의 몰이해라는 장막이 그렇게 드리워졌다.

1968년의 러시아의 침공은 60년대 세대 전체를 쓸어내 버렸고, 더불어 그 이전의 현대 문화 전체를 쓸어내 버렸다. 우리의 책들은 프란츠 카프카나 체코 초현실주의자들의 책들과 같은 지하실에 갇혀 있다. 죽은 자가 된 산 자들과 두 번 죽은 자가 된 죽은 자들이 나란히 갇혀 있다.

이제는 사람들이 알까. 프라하에 더는 존재하지 않는 것이 단지 인권과 민주주의와 정의 등등만이 아니라는 것을. 지금 거기에서, 하나의 위대한 문화 전체가 불타고 있다는 것을,

시가 사라져 가는,

불길에 휩싸인 종잇장처럼.

89개의 말 · 프라하, 사라져 가는 시

1판 1쇄 찍음 2025년 6월 16일
1판 1쇄 펴냄 2025년 6월 26일

지은이	밀란 쿤데라
옮긴이	김병욱
발행인	박근섭·박상준
펴낸곳	(주)민음사

출판등록 1966. 5. 19. 제16-490호
주소   서울특별시 강남구 도산대로1길 62(신사동)
       강남출판문화센터 5층 (우편번호 06027)
대표전화 02-515-2000 | 팩시밀리 02-515-2007
홈페이지 www.minumsa.com

한국어판 ⓒ (주)민음사, 2025. Printed in Seoul, Korea

ISBN   978-89-374-2868-5 (03860)
잘못 만들어진 책은 구입처에서 교환해 드립니다.